I0023558

ORAN.

IMPRIMERIE DE BETHUNE ET PLON,
36, Rue de Vaugirard.

ORAN

SOUS

LE COMMANDEMENT

DU

GÉNÉRAL DESMICHELS.

PARIS,

A LA LIBRAIRIE MILITAIRE D'ANSELIN,

RUE DAUPHINE, PASSAGE DAUPHINE.

M DCCC XXXV

INTRODUCTION.

La paix, qui depuis dix-huit mois règne dans la province d'Oran, m'ayant révélé les richesses de ce pays, et les moyens de lui assurer un avenir prospère, j'ai cru que j'intéresserais le gouvernement et le public, en faisant connaître le parti que l'on peut tirer de cette portion de nos possessions africaines.

Mes rapports fréquents avec les indigènes m'ayant en outre permis d'étudier leurs mœurs et leur caractère, je communiquerai également les réflexions que j'ai faites sur un peuple auquel on n'a pas encore rendu la justice qu'il mérite, parce qu'on n'a eu jusqu'à ce jour, sur son compte, que des idées fausses, ou du moins incomplètes.

Comme le plus sûr moyen d'apprécier les hommes est l'examen de leurs actions, je raconterai, pour les faire connaître, les principaux événements qui se sont passés sous mon commandement, pendant la guerre et depuis la paix.

Je ferai observer que les événements de la guerre que je vais raconter ne peuvent être comparés à ceux de nos guerres européennes, où des masses se heurtent contre d'autres masses, et se disputent avec acharnement le champ de bataille. En Afrique, ce sont des nuées de cavaliers intrépides et insaisissables, qui ne cherchent jamais à arrêter une colonne dans sa marche, qui la harcèlent sans cesse sur toutes ses faces: ennemis infatigables fuyant par tactique et non par crainte, sachant se dérober aux coups de ceux qu'ils combattent, pour revenir sur eux avec plus d'impétuosité, et toujours attentifs à profiter du moindre désordre, ou de la faute la plus légère, pour accabler ceux qui auraient l'imprudence d'en commettre.

Les Arabes de la province d'Oran sont tels que les traditions nous dépeignent les conquérants de l'Espagne et d'une partie des Gaules, ne respirant que les combats, et n'ayant d'autre luxe que celui de leurs chevaux ou de leurs armes.

Abdelkader, leur chef, n'avait que vingt-sept ans lorsqu'il fut proclamé bey, après le combat de Sidi-Chabal, où il déploya un brillant courage. Pendant la guerre, il montra un grand acharnement contre nous; mais depuis la paix, il a saisi toutes les occasions de nous prouver le désir qu'il a de la conserver.

ORAN.

PREMIÈRE PARTIE.

CHAPITRE PREMIER.

Combat de Kaddour-Debby. — Camp des Arabes à Msullen. — Combat de Sidi-Mahattan.

Avant mon arrivée à Oran, quelques sorties avaient eu lieu, mais à une courte distance : je jugeai à propos d'étendre plus au loin nos opérations militaires, et d'aller au-devant des ennemis qui venaient chaque jour nous braver en caracolant devant nos murailles.

J'avais vu la brillante bravoure des mameluks de l'Égypte échouer devant nos soldats, je ne pouvais donc douter du succès de mes entreprises contre les Arabes, dont notre inaction augmentait l'audace, et rendait nos troupes moins propres chaque jour à la guerre d'activité qu'elles devaient soutenir. Je considérais, d'ailleurs, les Arabes comme un peuple intelligent, accessible à un rapprochement avec nous, et sur lequel la conviction de notre supériorité devait exercer une influence morale entièrement favorable au résultat que j'avais mission d'obtenir.

Depuis le 23 avril 1833, jour de mon débarquement à Oran, je m'occupai sans relâche de connaître parfaitement l'état de la division, la nature et les ressources du pays, ainsi que les dispositions des soldats placés sous mes ordres : je cherchai également à connaître la position de nos ennemis. Je sus bientôt quelles étaient les tribus les plus guerrières et les plus nombreuses de la province; leur éloignement de la ville, l'influence et la richesse de chacune d'elles, et la nature de leurs relations réciproques : enfin je ne négligeai rien pour me procurer à cet égard des renseignements précis et détaillés, pour me servir des avantages que me donnerait sur la masse de nos adversaires la connaissance de leurs intérêts opposés, et de leurs inimitiés héréditaires.

La tribu des Garabas me fut signalée comme la plus belliqueuse et la plus acharnée contre les Français, je la choisis donc pour frapper un premier coup, et abaisser par ses résultats l'arrogance des Arabes.

Cette expédition, telle que je la projetai, ne m'offrait que des chances favorables; par une marche brusque et prompte, je surprenais l'ennemi dans ses camps, où il reposait avec sécurité, et je ne laissais pas aux autres tribus le temps de réunir leurs cavaliers sur le point d'attaque.

L'ordre de sortie fut donné le 7 mai, après la fermeture des portes: il fut reçu avec enthousiasme par les troupes renfermées dans leurs murailles depuis le combat de Sidi-Chabal, qui s'était livré le 10 octobre 1832, sous le canon de la place.

Je me mis en marche à minuit avec mille cinq cents hommes d'infanterie, cent quatre-vingts sapeurs du génie, quatre cents chevaux et quatre pièces de montagne : chaque soldat portant dans son sac une ration de pain et cinquante cartouches. La division n'ayant pas un seul mulet pour transporter une réserve de munitions, je fis remettre à chaque cavalier quatre paquets de cartouches, pour servir au besoin à l'infanterie.

Les guides qui ignoraient le dernier déplacement des Douars (1) sur lesquels je marchais, auraient fait manquer le but de l'expédition, sans

---

(1) On appelle Douar une fraction de tribu.

une reconnaissance que je fis pousser dans les environs du lieu où je comptais les trouver. Les éclaireurs m'apprirent bientôt que les Douars que je cherchais étaient auprès de nous. Je remis aussitôt la colonne en mouvement, et en peu d'instants je me trouvai en vue des trois camps des Garabas, où régnait déjà la plus grande confusion, depuis qu'ils avaient aperçu nos éclaireurs.

J'ordonnai à la cavalerie de suivre la plaine, en tournant la position pour la remonter ensuite du côté du lac de Kaddour-Debby qui termine le cours du Tlélat, tandis que j'abordais l'ennemi de front avec l'infanterie. Nous fûmes bientôt maîtres de ces Douars; tous les Arabes qui cherchèrent à s'y défendre furent tués. Pendant ce temps, nos éclaireurs ralliaient les troupeaux que les conducteurs cherchaient à mettre à couvert dans les nombreuses sinuosités des montagnes. Ceux des Arabes qui avaient pris la fuite furent renforcés soudainement par les cavaliers des autres Douars, qu'attirait le bruit du combat. Ils reparurent sur notre flanc droit, et chargèrent avec une grande résolution un escadron de chasseurs qui nous couvrait : le grand nombre des ennemis les força un instant à la retraite, ce qu'il ne fit qu'après avoir soutenu vaillamment le premier choc. Dans cette mêlée, deux chasseurs furent tués et quelques-uns blessés : de ce nombre fut le chef d'escadron Bignon ; son cheval ayant été tué, il aurait couru de grands dangers sans le dévouement du capitaine Doucet et du brigadier Menessier, qui reçut trois graves blessures. Le lieutenant Meunier eut aussi l'épaule traversée d'une balle. Un bataillon du 66e, envoyé rapidement sur le point, arrêta cette multitude d'Arabes. Lorsque l'ordre de se retirer eut été donné, ces cavaliers cherchèrent à embarrasser notre marche qui devait être fort lente, tant par le nombre considérable des bestiaux que nous avions enlevés, que par l'ordre et la résistanee que nous devions opposer aux efforts des ennemis : la vue des femmes et des troupeaux que nous emmenions pêle-mêle excitant leur courage, ils n'abandonnèrent la poursuite qu'à deux lieues d'Oran, où un millier de cavaliers attaqua pour la dernière fois, mais avec une grande impétuosité, notre arrière-garde et notre flanc gauche, tandis que des groupes moins nombreux harcelaient la tête et le flanc droit de la colonne. Cette charge fut repoussée aussi vigoureusement que les autres. Profitant alors de ce rassemblement d'ennemis, qui jusque-là avait été dispersé dans un vaste espace, je fis mettre en batterie sur notre flanc gauche deux pièces de montagne, qui, par la promptitude et la justesse de leur feu, les forcèrent à se retirer.

Dans cette journée, nos troupes furent admirables par la contenance avec laquelle elles bravèrent les fatigues qu'elles eurent à supporter pendant la marche de nuit et pendant le combat.

La perte des Arabes fut considérable, tant en tués qu'en blessés : de notre côté, nous eûmes deux hommes tués et seize mis hors de combat.

Cette différence de nos pertes avec celles des ennemis provient de ce que dans cette journée ils ne firent presque pas usage de leurs armes à feu, la soudaineté de l'attaque les ayant sans doute surpris dépourvus de munitions de guerre.

Après quinze heures de marche, la division rentra dans la place, emmenant quelques prisonniers et plusieurs femmes, qui, dans la prise des camps, furent recueillis par les troupes.

Comme il importait de prouver à nos ennemis les égards que nous avions pour les mœurs musulmanes, je fis déposer ces prisonniers dans la maison d'un maure, où les soins les plus généreux leur furent prodigués.

Trois mille têtes de bétail, dix-sept chameaux et quelques chevaux et mulets, furent, immédiatement après notre retour à Oran, remis à l'intendance militaire. Cette prise vint d'autant plus à propos que, depuis plus de quarante jours, la troupe ne recevait qu'un quart de ration de viande fraiche.

Je rappellerai ici les noms des officiers, sous-officiers et soldats qui, dans le combat de Kaddour-Debby, se firent remarquer par leur courage.

MM.

Roux, lieutenaut-colonel, 2e de chasseurs.
Bignon, chef d'escadron, *idem.*
Droleuvaux, capitaine-adjudant-major, 66e de ligne.
Claparède, capitaine de voltigeurs, *idem.*
Bianconi, sous-lieutenant, *idem.*
Meunier, sous-lieutenant, 2e de chasseurs.
Humbert, lieutenant, *idem.*
Peccate, capitaine, légion étrangère.
Loubet, maréchal-des-logis, 10e d'artillerie.
Cazalès, sapeur au 3e du génie.
Reynaud, gendarme,
Ligonnier, sergent-major, 66e.
Dupont, grenadier, *idem.*
Ducros, sergent-major, légion étrangère.
De Vaisnes, mon officier d'ordonnance.

Rapport au ministre, du 8 mai.

Toutefois, une faible portion de nos ennemis avait été vaincue, et je devais me préparer à une lutte d'autant plus acharnée qu'ils avaient à venger les désastres du dernier combat. Je m'attendais donc chaque jour à un grand effort de leur part; je savais que Sidi-Meydin, père d'Abdel-kader, marabout le plus vénéré de l'Afrique, appelait aux armes les peuples de la province, et qu'il la parcourait dans tous les sens pour les rallier à sa bannière.

Le 25 mai, il vint en effet avec l'élite des tribus asseoir deux camps à *Msullen* (trois lieues d'Oran, sur la route de Mascara). J'avais de mon côté pris toutes mes mesures pour les bien recevoir. On avait réparé les blokaus en pierre construits dans les ravins pendant l'occupation des Espagnols, et les troupes étaient journellement exercées au tir à la cible: le succès du combat de Kaddour-Debby avait d'ailleurs doublé leur courage, ou au moins leur confiance en elles-mêmes.

Le 26, à la pointe du jour, je fis sortir la division de la place pour lui faire prendre position sur le rideau qui se prolonge de l'est à l'ouest en avant de la ville, dans la plaine de Sidi-Mahattan.

Quelques cavaliers se montrèrent; mais chassés par nos éclaireurs, ils disparurent tout-à-fait, après avoir échangé quelques coups de fusil : ils eurent plusieurs blessés ; de notre côté, un homme et un cheval furent atteints.

Après avoir évalué leurs forces, qui, d'après le nombre de leurs tentes, pouvaient s'élever ce jour-là à huit ou neuf mille cavaliers et mille fantassins, je me déterminai à faire placer un blokaus au point le plus élevé du rideau sur lequel la division était en bataille, afin de protéger les travaux de fortification et de casernement que nous exécutions à la mosquée de Kergantha, et qui n'étaient pas assez avancés pour permettre d'abandonner le poste à ses propres moyens de défense.

Les troupes commencèrent à l'instant même à préparer le terrain, et lorsque cette opération fut terminée, elles rentrèrent dans la place.

Le 27, à 5 heures du matin, je fis sortir le quatrième bataillon de la légion étrangère, deux compagnies du 66e de ligne, un escadron de chasseurs et deux pièces de montagne pour protéger les travailleurs. A peine cette troupe fut-elle arrivée sur le terrain, que les éclaireurs de l'ennemi se présentèrent de tous côtés, et engagèrent une vive fusillade avec nos bataillons. M'étant rendu immédiatement sur les lieux, j'aperçus deux colonnes nombreuses d'Arabes, déjà à une assez grande distance de leur camp, et se dirigeant l'une sur la position que je voulais défendre, l'autre sur la ville. J'envoyai sur-le-champ des ordres pressants à M. le général Sauset pour que le restant de la division vînt au plus tôt se rallier aux troupes qui étaient déjà engagées. Le mouvement fut appuyé par quatre pièces d'artillerie. Il était resté dans la place le nombre de soldats nécessaires pour border les remparts du côté du front d'attaque.

A sept heures les troupes occupèrent leur position. Peu de temps après, l'ennemi, dont les forces s'élevaient, ce jour-là, à environ douze mille cavaliers et deux mille fantassins, se déploya avec rapidité en formant un demi-cercle de près d'une lieue, et fondit sur les nombreux tirailleurs qui nous couvraient.

La fusillade s'engagea sur toute la ligne; elle fut si vive et si bien dirigée par les nôtres que toutes les charges ennemies furent repoussées. Un escadron du 2e de chasseurs culbuta et sabra vigoureusement un de leurs détachements qui avait eu l'audace de passer entre notre aile droite et la ville.

Après un combat de dix heures, qui avait coûté à l'ennemi sept à huit cents hommes tant tués que blessés, les Arabes commencèrent vers trois heures leur mouvement de retraite, et peu d'instants après, la division rentra dans la place. Notre perte, dans cette journée, fut de trois hommes tués et quarante blessés.

Les travaux du blokaus dirigés par le capitaine du génie Cavaignac, n'avaient été ni interrompus, ni ralentis un seul instant, au point que ce poste fut palissadé et mis à l'abri d'un coup de main avant la nuit : quarante grenadiers y furent laissés pour le défendre.

Dans cette affaire on remarqua particulièrement :

MM.

Cavaignac, capitaine du génie.
Doucet, capitaine, 2e de chasseurs.
Laroque, *idem*, du 66e.
Carbet, sapeur.
Féret, sergent au 66e.
Récolin, maréchal-des-logis, 2e de chasseurs.
Buil, capitaine, 4e bataillon, légion étrangère.
Souplet, sous-lieutenant au 66e.
Marcel, maréchal-des-logis chef d'artillerie.
Rudeaux, sergent-fourrier, 8e du génie.
Lamouraux, brigadier, 2e de chasseurs.
Macguin, sergent au 66e.
Morille, caporal.
Gris, grenadier.
Ducros, sergent, légion étrangère.
Roc, caporal, *idem*.

(*Rapport au ministre, du* 27 *mai.*)

Les Arabes, qui avaient été étonnés de voir s'élever dans quelques heures l'édifice complet du blokaus, envoyèrent, pendant la nuit, une centaine des leurs pour le reconnaître. Le capitaine Géraudon, du 66e, qui commandait les grenadiers de garde, les laissa approcher, et fit, à bout portant, une décharge qui en tua plusieurs, et entr'autres un de leurs chefs qui avait escaladé les palissades et pénétré dans l'enceinte pour examiner de plus près le blokaus. Tous les assaillants alors prirent la fuite, emportant, comme de coutume, leurs morts, mais obligés d'abandonner des armes qu'ils n'eurent pas le temps de ramasser.

Le 28 et le 29, une pluie violente n'ayant cessé de régner, l'ennemi ne sortit pas de ses camps.

Le 30, à deux heures du matin, trois à quatre cents Arabes vinrent, avec une petite pièce de canon, attaquer le blokaus. Un de leurs boulets brisa le bout d'une poutrelle du premier étage. Cette tentative cependant ne fut pas plus heureuse que la première, ils furent encore contraints de se retirer après avoir éprouvé de nouvelles pertes.

Le 31, l'ennemi reparut sur plusieurs points de la plaine; mais à une trop grande distance de nous, pour qu'il pût s'en suivre un engagement.

On remarqua, le soir, un grand mouvement dans les camps, que les Arabes abandonnèrent pendant la nuit avec tant de désordre, qu'ils y laissèrent une assez grande quantité de bagages qui furent ramassés par le détachement envoyé pour reconnaître la direction des fuyards.

CHAPITRE II.

Expédition de Bridia. — Arrivée à Oran d'un scheik de la tribu de Beni-Hamer avec de grands approvisionnements. — Remise à ce chef des femmes des Garabas, prises à Kaddour-Debby. — Motifs qui déterminent l'expédition d'Arzew. — Prise de possession du port.

Le succès des combats de Kaddour-Debby et de Sidi-Mahatan nous donna quelque temps de repos, que j'employai à prendre diverses mesures dont l'objet était de faire connaître aux indigènes les changements qui allaient s'opérer dans la politique nouvelle que je voulais suivre à leur égard.

J'écrivis à Habi-Boalem, l'un des Garabas, pour lui proposer la remise des femmes et des Arabes pris à Kaddour-Debby : il me répondit par une lettre qui démontrait jusqu'à quel point cette tribu poussait la haine contre nous, et qu'il terminait par le refus formel de ne jamais recevoir des femmes souillées par notre présence.

Cette insolente jactance ne me fit pas départir de la politique généreuse que je voulais suivre dans mes rapports avec les indigènes.

Toutes les mosquées avaient été occupées par les troupes : je fis rendre au culte mahométan, après l'avoir convenablement réparée, la plus considérable de la ville, et celle qui avant nous était la plus fréquentée.

Je fis mettre en liberté plusieurs Arabes détenus au fort de Mers-el-Kebir, sous prévention d'espionnage; ils furent renvoyés dans leurs tribus après avoir reçu quelques secours en argent. Ne voulant faire activement la guerre que pour arriver plus vite à la paix, il entrait dans mes vues d'habituer nos ennemis à nous regarder comme un peuple grand et généreux, et à leur faire apprécier graduellement la douceur de nos institutions.

Cependant notre marché était peu approvisionné, et le petit nombre d'indigènes qui se hasardait à y venir, restait exposé aux mauvais traitements de ceux qui interceptaient les arrivages. La crainte de ces avanies nous privait des ressources que nous pouvions tirer de l'intérieur. Néanmoins la protection que j'accordais à ceux qui, trompant la vigilance des rôdeurs, nous apportaient des provisions, les encouragea au point qu'elles devenaient de jour en jour moins rares.

Je n'avais encore qu'ébauché le plan que je

m'étais tracé, et l'effet de nos combats ne pouvait se faire sentir au point de rendre sûrs les environs de la ville. Les Arabes, embusqués dans les ravins et parmi les palmiers-nains qui couvraient la plaine, signalaient leur présence par des crimes partiels, que je devais faire cesser en battant la plaine sans relâche.

Un canonnier garde-côtes ayant été assassiné sur la route d'Oran à Mers-el-Kebir, je sommai Sidi-Mustapha-Ben-Ismaïn, chef de la tribu des Douërs, nos voisins de l'ouest, de me livrer les auteurs de ce crime, le menaçant, en cas de refus, d'aller le chercher dans son camp et de faire peser sur sa tribu tous les maux de la guerre.

Pour appuyer le langage que je tenais à ce chef puissant, je jugeai à propos de marcher immédiatement sur lui.

Je sortis d'Oran le 11 juin, à huit heures du matin, avec deux mille hommes d'infanterie, quatre cents chevaux, six pièces de canon et des vivres pour deux jours, me dirigeant au sud-ouest, vers le lac Sebkra.

Après quatre heures de marche, l'avant-garde arriva à Mserguin, maison de plaisance de l'ancien bey, où furent tués quelques cavaliers arabes surpris par nos éclaireurs. Après une halte assez longue pour reposer les troupes, la colonne se remit en route, et arriva en trois heures à Tnet-Ensalmet, vallée remarquablement belle, où résidait un des scheiks de la tribu des Smelhas.

La division, après avoir fait une halte, continua sa marche jusqu'à Bridia, où elle devait bivouaquer; c'est sur ce point que les Arabes de l'ouest tiennent leurs marchés : on y trouve une source d'eau très-bonne, et assez abondante pour former une petite rivière, qui, après un cours d'une demi-lieue, se jette dans le lac Sebkra.

Pendant la nuit, quelques cavaliers vinrent tirailler avec nos avant-postes, mais ne nous tuèrent qu'un cheval; ils disparurent à la pointe du jour. Les reconnaissances que j'avais envoyées dans toutes les directions n'ayant découvert que des petits groupes de cavaliers fort éloignés, la division reprit à huit heures du matin la route d'Oran, après être venue défier, à dix lieues de cette ville, une grande tribu, qui devait compter aussi sur le secours des autres.

Nous avions déjà fait sentir à ce peuple guerrier la supériorité de nos armes; quelques coups de fusil seulement furent échangés, pendant cette marche, contre notre arrière-garde et les cavaliers qui la suivaient.

Le côté méridional du lac était bordé d'un

grand nombre d'Arabes qui nous observaient, sans oser venir nous disputer le chemin d'Oran, où nous arrivâmes à cinq heures du soir.

Cette expédition ayant éloigné de la place les coureurs qui interceptaient nos communications avec l'intérieur, un scheik de la tribu de Beni-Hamer, nommé Achmet, s'y était rendu, accompagné d'une centaine d'Arabes, conduisant un grand nombre de chameaux chargés de grains et d'approvisionnements de toute espèce.

Ce chef s'étant présenté chez moi pour m'offrir ses services, reçut un accueil bienveillant; et, pour lui prouver le cas que je faisais de lui, je lui confiai mes prisonniers, en le chargeant de les conduire aux Garabas. J'eus l'attention, avant leur départ, de donner à ces femmes et à leurs enfants des vêtements convenables, et quelques rafraîchissements pour la route.

Mustapha-Boalem, un de leurs principaux chefs, s'empressa de venir m'en remercier; il promit de concourir avec les siens à l'approvisionnement d'Oran. Il ne repartit pas sans avoir reçu des marques de ma satisfaction.

Ces circonstances furent un premier acheminement aux relations générales qui s'établirent plus tard avec les indigènes; en nous voyant de plus près, ils commencèrent à nous mieux connaître : leur farouche défiance s'apprivoisa à nos habitudes ; ils crurent à la loyauté française en voyant la modération et la bonne foi qui réglaient tous nos actes. Les avantages réciproques qui résulteraient de nos rapports devaient leur ouvrir les yeux sur leurs véritables intérêts.

J'avais demandé à M. le ministre de la guerre une augmentation de forces, devenue nécessaire pour assurer le succès des expéditions que je projetais ; en attendant qu'elle me fût accordée, je cherchai à suppléer au vide que laissaient dans la place les sorties fréquentes de la garnison, en utilisant la population européenne : je la formai en garde civique, dont j'organisai deux compagnies, qui furent armées des fusils tirés de nos magasins.

Pendant ce temps, le génie civil s'occupait d'améliorations importantes dans l'intérieur de la ville, tandis que l'artillerie élevait un arsenal, et que le génie militaire faisait exécuter des travaux de défense et de casernement. Tous les soldats, excepté les travailleurs, étaient exercés journellement au tir à la cible. La plus grande activité régnait partout ; de mon côté, je cherchais à profiter de toutes les circonstances qui pouvaient étendre nos relations.

Les renseignements que j'avais recueillis su

Arzew s'accordaient tous sur la beauté, l'étendue et la sûreté de sa rade, ainsi que sur la fécondité du sol ; je n'ignorais pas non plus qu'il existait, à la pointe du golfe, un fort armé de sept à huit pièces de canon, et destiné à couvrir le port, et que de vastes magasins, bâtis près d'un ancien quai romain, servaient naguère au monopole des grains qui y était exercé par le bey d'Oran.

La ville, située à deux lieues du port, était peuplée de Kabaïles, originaires de la province de Riffa (empire de Maroc), qui avaient construit des habitations dans les ruines d'une ancienne cité romaine, dont l'importance est attestée par les vestiges d'un grand nombre de monuments qu'on y découvre le long de la mer ; je pense que c'est là le véritable emplacement de l'ancienne *Arsenaria*. Les indigènes entretenaient avec nous des relations commerciales par la voie maritime. Toutes ces considérations m'auraient certainement décidé à aller reconnaître plus tard cette position, lorsque je m'y déterminai par une circonstance venue à propos pour apprendre aux Arabes que notre protection était assurée à ceux qui nous montreraient quelque dévouement. Bethouna, cadi de cette ville, avait offert ses services à mon prédécesseur, et fourni un assez grand nombre de chevaux pour monter le 2e de chasseurs d'Afrique; il avait entretenu des relations de bonne intelligence avec M. de Pointes, commandant le stationnaire. Sommé par Abdelkader de rompre avec nous, il n'en tint aucun compte, et il poussa même sa détermination jusqu'à vouloir se défendre dans sa ville, si les Arabes venaient l'y attaquer. Ses rapports avec nous continuèrent donc, et il nous inspira une confiance si grande, par des preuves réitérées de dévouement à notre cause, que M. le commandant Guerbe, chargé de l'achat des chevaux qu'il nous livrait au port, n'hésita pas, sur la proposition de Bethouna, à faire par terre, avec quelques-uns de ses cavaliers, le trajet d'Arzew à Oran, qui en est éloigné de onze lieues. Ce fut le premier Français qui parcourut une aussi grande distance à travers un pays occupé par des ennemis implacables.

Le bey, irrité de la résistance opiniâtre du cadi, résolut de faire cesser, par quelque moyen que ce fût, les rapports qui s'établissaient entre nous et les habitants d'Arzew. Pour parvenir à ses fins, il séduisit quelques-uns d'entre eux, qui s'emparèrent par surprise de Bethouna, et le conduisirent pieds et poings liés dans les prisons de Mascara, où il languit jusqu'à sa mort, qui arriva peu de temps après. Lorsque sa disparition eut lieu, son oncle septuagénaire accourut à Oran pour me l'annoncer, implorant ma protection contre les mauvais traitements que les ennemis de Bethouna faisaient déjà subir à sa nombreuse famille et à ses amis.

J'ordonnai immédiatement le départ de la division pour Arzew; elle se mit en marche, sous les ordres du général Sauzet, le 3 juillet, à cinq heures du soir.

Le brick *l'Alcyone*, stationnaire à Arzew, étant venu à Mers-el-Kebir pour s'y ravitailler, je me rendis à son bord avec mon état-major et une compagnie du 66e, dans l'espérance de dévancer la division, afin de favoriser son arrivée par le feu du brick et le débarquement de la petite troupe que j'amenais avec moi. J'étais accompagné de l'oncle du cadi, ainsi que de plusieurs Kabaïles qui étaient venus joindre leurs sollicitations aux siennes.

Ces précautions devinrent superflues : aucun acte d'hostilité n'eut lieu. Le vieux Bethouna s'empressa d'aller annoncer notre arrivée à sa famille et aux amis du cadi, qui vinrent bientôt après à notre camp, nous y apporter une grande quantité d'œufs, de poules et de fruits secs, que les troupes leur payèrent. Satisfaits de nous autant que nous l'étions d'eux, ils nous promirent de revenir le lendemain.

J'arrêtai sans perdre de temps les travaux de fortifications que M. le commandant du génie devait faire exécuter au port, et on commença par installer un blockaus, que j'avais fait transporter par le stationnaire, sur les ruines d'un ancien temple romain que l'on découvre au fond de la baie(1).

Les Kabaïles d'Arzew ne reparurent pas le lendemain, ainsi qu'ils l'avaient promis : ils en furent empêchés par un grand nombre de cavaliers, qui, pendant la nuit, étaient venus s'emparer de leur ville. Ceux qui avaient fait preuve de bonnes dispositions envers nous avaient encore essayé de résister en se renfermant dans

---

(1) Le mouillage, bien que parfaitement couvert par le petit promontoire sur lequel est bâti le fort, et par les éperons de rochers qui s'avancent à environ deux cents mètres dans la mer, le serait encore davantage si l'on jetait un môle dans les intervalles de cette arrête de rochers du côté de la ville. On pourrait rendre les chargements faciles par une jetée, soit en bois, soit en pierres, au moyen de laquelle on parviendrait à faire du fond de cette baie un port presque fermé. Le plan d'une ville a été tracé sur ce point par le commandant Savart, chef du génie militaire de la division, et par M. Pezecrat, ingénieur civil; plusieurs maisons et magasins y sont déjà construits par des négociants européens.

leurs maisons, tandis que d'autres s'étaient dérobés à l'ennemi dans le bois touffu d'aloës qui, du côté de l'est, couvre la ville. C'est ce que nous apprîmes dans la matinée, en voyant devant nos avant-postes des groupes d'Arabes très-nombreux.

Je donnai ordre au chef d'escadron de Thorigny de se porter en avant avec deux escadrons de chasseurs pour les éloigner, et je fis appuyer ce mouvement par un bataillon du 66e. Ce détachement, sous les ordres du lieutenant-colonel Barthélemy, mena battant tous ces cavaliers, jusqu'au-delà d'Arzew, où ils se débandèrent pour regagner leurs tribus. Les Kabaïles qui avaient livré Bethouna les suivirent, de sorte qu'il ne resta dans la ville que ses parents et ses amis, qui, malgré la promesse que je leur fis de les protéger dans leurs murs, préférèrent les abandonner pour venir se réfugier dans notre camp, près duquel ils manifestèrent l'intention de se fixer définitivement : ils furent accueillis en amis par nos soldats. C'était un spectacle curieux que cette réunion de Français et d'indigènes (1),

(1) Bien qu'ils tirassent leur origine des Kabaïles de Riffa, ils n'avaient pas moins le caractère et les mœurs des Arabes, avec lesquels les premiers de leur race qui s'établirent sur cette plage avaient contracté des alliances.

se donnant réciproquement des preuves d'amitié et de confiance, sur une terre où les Européens n'avaient encore trouvé que des ennemis cruels.

Pouvait-on, avec de semblables exemples sous les yeux, ne pas concevoir la possibilité d'un rapprochement entre les deux peuples? N'était-ce pas un avertissement de ce qui devait s'opérer plus tard, et en quelque sorte un présage certain de succès? Pour que ces réflexions ne me vinssent pas à la pensée, il aurait fallu que je méconnusse l'influence que doivent exercer sur tous les hommes, quels qu'ils soient, des actions généreuses auxquelles se trouvent liés leurs propres intérêts.

Je ne bornai pas mes soins à faire distribuer à nos malheureux alliés les vivres dont ils manquaient; ils reçurent en outre de l'argent, pour les indemniser de la perte de leurs troupeaux, qui avaient été enlevés par les Arabes. Les silos qui appartenaient aux ennemis de Bethouna m'ayant été désignés, j'en fis extraire et transporter les grains à Oran, pour y être versés dans les magasins de l'administration militaire. Une partie de leur valeur paya tous les frais de l'expédition.

Les travaux que j'avais ordonnés à Arzew pendant le séjour de la division avaient reçu leur exécution ; le blockaus dominait la plaine, et son artillerie la battait dans tous les sens; le fort était réparé et fermé; les vastes magasins du quai avaient été également mis en état, et crénelés, pour servir de défense à la garnison, qui fut composée de deux compagnies du 66e, et approvisionnée en vivres pour deux mois et en munitions suffisantes pour soutenir des attaques réitérées.

Le séjour prolongé que je fis au port d'Arzew laissait le temps aux Arabes de se réunir; c'était une espèce de défi que je faisais au bey, et qui ne devait, selon moi, finir que par un combat auquel j'étais préparé, et dont l'ardeur des soldats me garantissait le succès. Je fus trompé dans mon espoir: Abdelkader ne voulut pas cette fois tenter les chances d'une rencontre. Je regrettai d'autant plus son inaction, que la vraie manière de pacifier le pays était de fatiguer les Arabes par des attaques et des échecs continuels. La division se mit en marche pour Oran le 17, à midi, sans apercevoir un seul ennemi.

Dans une grande halte, qui eut lieu à la fontaine d'El-Goudiel, je détachai deux escadrons et une compagnie de voltigeurs du 66e, sous les ordres du colonel l'Étang, pour aller visiter la tribu des Christels, établie près du cap *Canastel*.

Le chef de cette tribu servit de guide à cette faible colonne, qui, à cause des mauvais chemins qu'elle dut suivre, ne put rentrer à Oran qu'à cinq heures du matin, sept heures après l'arrivée de la division.

J'offris quelques cadeaux à ce chef et aux Arabes qui avaient accompagné les nôtres : ils se retirèrent satisfaits, en nous laissant l'assurance qu'ils ne se joindraient jamais à nos ennemis ; promesse qu'ils ne purent tenir, ne pouvant résister aux exigences du bey, sous les drapeaux duquel ils étaient obligés de se rallier chaque fois qu'il les en sommait.

CHAPITRE III.

Rapport des émissaires que j'entretenais auprès d'Abdel-kader. — Plan des opérations de ce bey. — Nolis des bâtiments pour transporter les troupes devant Mostaganem. — Les vents contraires dispersent les bâtiments. — Séjour à Arzew. — Débarquement des troupes à l'embouchure de la Machta. — Prise de Mazagran, de Matamore et de Mostaganem. — Description de ces villes.

Après la prise de possession d'Arzew, j'avais résolu de laisser reposer les troupes pendant les grandes chaleurs, et de borner leurs occupations aux exercices du tir et du détail : lorsque les émissaires que j'avais envoyés à Mascara, pour me tenir au courant de ce qui s'y passait, vinrent m'apprendre que le bey rassemblait ses cavaliers pour aller châtier Benouna-Caïd-de-Tlemecen, qui voulait se soustraire à son autorité : il comptait, après l'avoir chassé de la ville, recevoir les hommages des Turcs et Coulouglis qui, en signe de soumission, devaient lui offrir un parasol d'étoffe(1) d'or, et un cheval richement harnaché. Je savais aussi qu'après

(1) Insigne qui indique la qualité de bey ou de sultan.

cette tournée dans l'ouest, il se porterait vers le schéliff, et de là à Mostaganem pour y être reconnu bey par les Turcs à notre solde.

L'empressement de ceux-ci à se soumettre à Abdelkader ne pouvait être pour moi le sujet d'un doute. Je n'ignorais pas que, bien qu'ils fussent soldés par nous long-temps avant mon arrivée, ils vivaient dans la meilleure intelligence avec les riches tribus qui environnent la ville. Cette union était achetée par eux à des conditions qui me donnaient la mesure de confiance que je devais leur accorder. Non-seulement ils affectaient aux yeux des Arabes une indépendance entière, mais ils se refusaient encore constamment à tout ce qui leur était demandé par nous : ils leur vendaient à un prix élevé la poudre que nous leur fournissions gratuitement, pour des prétendus combats qu'ils devaient livrer chaque jour aux Arabes. Enfin ils ne voulurent jamais permettre qu'aucun officier français pénétrât dans la ville. C'était une véritable duperie que de solder ces aventuriers.

J'étais loin de penser alors qu'on chercherait plus tard à présenter de pareils hommes comme des victimes de notre esprit de conquête, et que le chef de ces mercenaires, alors ennemi avoué de nos intérêts et de notre cause, à tel point qu'il osa tenter de nous perdre aux portes de Mostaganem, serait un jour écouté avec bienveillance, et que la levée du séquestre de ses biens, faveur refusée jusque-là à tous les indigènes de la province, lui serait accordée comme indemnité.

Lorsque j'eus vérifié l'exactitude des rapports qui m'avaient été adressés par mes agents, je formai le projet de faire avorter en partie l'expédition d'Abdelkader, et de porter un coup décisif aux menées des Turcs de Mostaganem, en allant moi-même me rendre maître de leur ville, pendant que le bey ferait son entrée à Tlemecen.

Je pris toutes mes mesures pour obtenir une parfaite coïncidence de cette opération avec celle qu'Abdelkader exécuterait sur un point opposé. Mes préparatifs furent faits dans le plus grand mystère. Six bâtiments de commerce avaient déjà été nolisés pour le transport des troupes, lorsque la frégate la *Victoire* arriva au mouillage de Mers-el-Kebir. Je n'hésitai pas à mettre M. de Parceval, qui la commandait, dans la confidence de mon projet, en l'invitant à concourir à son succès.

Cette proposition fut accueillie par cet officier supérieur avec empressement, et il fut convenu que, quelques heures après, la petite escadre mettrait à la voile sous ses ordres

Craignant que ces dispositions, quoique très-secrètes, ne révélassent le véritable but de l'entreprise, je fis courir le bruit parmi les populations et parmi les troupes, qu'il était question de reconnaître le golfe de Tlemecen et d'établir des postes à l'embouchure de la Tafna et à celle du *Rio Salato*.

Les prétentions croissantes du bey, et les intentions perfides des Turcs de Mostaganem rendaient urgente une expédition contre cette ville. Il n'y avait pas un instant à perdre pour prévenir la défection dont nous étions menacés, et empêcher que cette ville, si importante par la proximité des tribus les plus riches et les plus populeuses qui y tenaient leur principal marché, ne tombât au pouvoir d'Abdelkader (1).

Le 23 juillet au soir, la frégate et la flottille étaient sous voile, portant à bord environ quatorze cents hommes, dont six cents d'élite ; un calme plat pendant la nuit et pendant toute la journée du 24, fut suivi par un fort vent nord-ouest qui sépara les bâtiments marchands de la

(1) Après la prise d'Alger, par Barberousse, les Turcs vinrent s'emparer de Mostaganem, qui est la clé du pays ; c'est ce que savait si bien le comte d'Alcaudete, alors gouverneur d'Oran, qu'il essaya trois fois de la prendre : il perdit la vie à la dernière, en 1515.

(*Extrait de l'Afrique*, *par* Marmol).

frégate, et empêcha d'aborder la plage de Mostaganem.

Le 25, nous fûmes contraints de mouiller dans la rade d'Arzew. Voulant utiliser ce contretemps, je me fis mettre à terre pour aller visiter les travaux qui avaient été exécutés depuis notre départ. Je fus très-satisfait de trouver la redoute qui entoure le blockaus très-avancée; le fossé et le déblai d'énormes maçonneries romaines étaient presque entièrement terminés; les logements et les magasins, ainsi que tous les autres travaux, étaient poussés avec la plus grande activité. Je laissai de nouvelles provisions à cette garnison, qui n'avait pas été une seule fois inquiétée par les Arabes.

Nous fûmes forcés d'attendre encore dans la rade pendant la journée du 26, et la nuit du 26 au 27, les bâtiments qui avaient été séparés de nous, et qui portaient des troupes et du matériel.

Le 27, à huit heures du matin, les bâtiments attendus avec grande impatience étant ralliés, la flottille se remit en route; mais le vent de nord-ouest qui régnait était trop violent pour que le débarquement pût s'effectuer à Mostaganem même, dont le mouillage est peu sûr; d'un autre côté, un plus long retard pouvait devenir funeste. Je pris sur-le-champ mon parti.

L'embouchure de la Machta, que j'avais reconnue la veille avec MM. de Parceval et de Pointes, offrait un débarcadère commode et facile, et de ce point à Mostaganem il n'y avait que huit heures de marche. Je me déterminai à faire le trajet par terre, pendant que les bâtiments viendraient nous rejoindre au rendez-vous commun.

Le débarquement des troupes s'opéra sur-le-champ, et il était entièrement terminé à cinq heures après-midi; une demi-heure après, nous avions traversé la Machta, et nous suivions le littoral, nous dirigeant vers Mostaganem.

Après cinq heures d'une marche pénible dans les sables jusqu'à mi-jambes, la colonne atteignit la fontaine de Zdidia, que j'avais désignée comme point de halte pour le reste de la nuit. Quelques Arabes étaient venus reconnaître de loin notre débarquement, et s'étaient retirés lorsque les troupes se mirent en mouvement; la nuit se passa fort tranquillement.

Le 28, à quatre heures du matin, le petit corps d'armée se porta en avant. Quelques partis d'Arabes se présentèrent sur les flancs et la queue de la colonne, et nous envoyèrent des balles. De si faibles attaques ne pouvaient retarder notre marche; mais, en avant de Mazagran, les ennemis, réunis en très-grand nombre, s'étaient embusqués dans les jardins qui entourent cette ville. Une vive fusillade s'engagea entre eux et nos tirailleurs, qui, appuyés par une compagnie du 66ᵉ, parvinrent promptement à les déloger. Pendant cet engagement, la colonne continuait sa marche, et occupait, à huit heures du matin, la ville de Mazagran, récemment abandonnée par ses habitants, qui ignoraient nos intentions à leur égard; ils s'étaient enfuis dans leurs vastes champs couverts d'arbres et de vignes, et c'étaient eux qui avaient cherché à nous arrêter. La petite ville de Mazagran, située à environ deux mille mètres de la mer et à quatre mille de Mostaganem, était habitée par une population toute agricole, composée d'environ trois mille âmes; ses fortifications ne consistent qu'en une muraille crénelée, en mauvaise maçonnerie; elle a deux portes: l'une au sud, dans la partie haute de la ville, vis-à-vis d'une grande esplanade qui la sépare d'une belle campagne cultivée en céréales, vignes et arbres fruitiers; l'autre, au nord, dans la partie basse, où se trouve une fontaine très-abondante, un abreuvoir et un lavoir. Ces eaux suffisent pour arroser des magnifiques jardins qui s'étendent jusqu'à la mer. L'étonnante fertilité du sol, causée par les nombreuses sources qui surgissent de tous côtés, fait de Mazagran un séjour délicieux, et certainement le plus propre de l'Afrique à la colonisation.

Un peu en arrière de cette ville, et sur une hauteur qui la domine, j'apercevais un groupe nombreux d'hommes à pied et à cheval, qui communiquaient par des signaux avec les Arabes que nous poussions devant nous. Croyant que c'était une position que nos ennemis cherchaient à défendre, je fis avancer deux pièces de montagne pour appuyer l'attaque brusque que j'allais ordonner, lorsque, à ma grande surprise, je reconnus dans l'un de ces hommes qui s'avançait seul au-devant de nous avec des démonstrations pacifiques, un des Turcs de Mostaganem ; il venait m'annoncer que ceux que je voyais devant moi étaient une partie de la garnison de la place, qui, instruite de l'arrivée des Français, venait, par honneur, au-devant d'eux. Bien qu'étonné de l'audace de cet homme que je venais de voir communiquer ouvertement avec les Arabes, et qui maintenant me protestait de sa fidélité, je l'engageai à retourner auprès de ses camarades, et à leur dire qu'ils pouvaient venir près de moi. Peu après, une dizaine d'entre eux, parmi lesquels étaient deux officiers de Caïd-Ibrahim, s'approchèrent, tandis que le reste de cette troupe demeurait toujours à la même place.

Je manifestai mon étonnement de ce que le caïd n'était pas venu lui-même au-devant de moi; j'ordonnai à son gendre, que je connaissais, d'aller lui dire que je l'attendais sous les murs de Mazagran. Une heure après, Ibrahim arriva, étalant un grand luxe, précédé de six chiaous (officiers de police), couvert d'habits richement brodés d'or et d'argent, et monté sur un superbe cheval; il s'avançait à pas lents, entouré de ses Turcs. A ses côtés se tenaient deux nègres; derrière lui venaient les officiers de sa maison. C'est ainsi que se présenta le caïd, qui avait osé prendre le titre de bey, malgré la défense expresse qui lui en avait été faite par M. le lieutenant-général Boyer, mon prédécesseur, et par moi.

Le contraste était singulier entre nos soldats couverts de sueur, de poudre et de poussière, et ces Turcs avec leurs riches costumes et leurs armes garnies en argent. Une ancienne blessure à la jambe, que la fatigue venait de faire rouvrir, m'empêchant de marcher, j'avais été obligé de monter un de nos énormes chevaux d'artillerie, qui devaient au besoin servir à traîner nos petites pièces de campagne; dans notre colonne, j'étais le seul à cheval. Je fis dire à Ibrahim, qui aurait voulu me décider à faire coucher les troupes à Mazagran, que j'étais étonné d'une pareille proposition, et que, voulant marcher sur-le-champ sur Mostaganem, il était convenable qu'il n'y entrât qu'à ma suite. Ces paroles inattendues le glacèrent de peur, et lui firent craindre que sa tête ne payât l'indépendance qu'il avait affectée jusqu'alors. Pendant le trajet de Mazagran à Mostaganem, les Arabes continuèrent à tirailler avec nos flanqueurs, et ne se retirèrent que lorsque nous fûmes arrivés sous les murs de la ville. Je fis occuper sur-le-champ le fort qui domine la place, et que nous avons appelé depuis fort de l'est, à cause de sa position, qui défend Matamore. Il est flanqué, à ses deux saillants, par des tours rondes. Matamore a en outre une enceinte crénelée. Les Turcs en firent la remise à une compagnie de voltigeurs qui s'y établit; le capitaine Claparède, du 66e, en prit le commandement; le service se fit conjointement avec les cinquante Turcs qui y étaient casernés.

Deux autres compagnies d'élite s'établissaient en même temps à Mostaganem, l'une au fort intérieur del Mahal, l'autre à la porte fortifiée del Kanduck, ainsi qu'aux batteries fortifiées qui la dominent; des détachements nombreux occupaient les postes. A peine les Turcs avaient-ils eu le temps de monter sur leur terrasse, pour jouir du spectacle inattendu et nouveau qui s'offrait pour eux, que leur ville entière était en nôtre pouvoir. Nous pûmes observer leur étonnement, à la vue d'une poignée de soldats, s'établissant ainsi sur des remparts qu'ils regardaient depuis long-temps comme leur possession naturelle. Pour prévenir les collisions fâcheuses qui pouvaient naître dans les premiers moments d'une occupation militaire, je fis camper les troupes en dehors de la ville, et j'en défendis sévèrement l'entrée. Une compagnie de grenadiers seulement vint occuper l'ancienne maison de justice du bey, où fut installé le quartier-général.

On trouva dans la place et les forts trente pièces de canons, dont six en bronze, un mortier de douze, une pièce de quarante-huit de la même matière, et une très-grande quantité de munitions de guerre de toute espèce. — Mostaganem est bâtie en amphithéâtre, à environ dix-huit cents mètres de la mer; elle se compose de deux villes ayant chacune une enceinte, et séparées par un riche vallon cultivé en jardins, et arrosé par un cours d'eau qui pourrait suffire à une vingtaine de moulins si le besoin l'exigeait. Au sud existent des ruines d'une troisième ville, et au nord, au-delà du ravin, les ruines d'une quatrième ville, qui dans l'intérêt de la défense de la place devraient être entièrement rasées. A l'est se trouve le fort dont il a déjà été question. Mostaganem est pourvu d'une grande quantité de fontaines, tandis qu'à Matamore on est obligé d'aller puiser l'eau dans les aqueducs. Toutefois il existe des puits presque dans toutes les maisons.

A l'embouchure du ravin est le marabout de Sidi Mazouff, situé au sommet d'un mamelon escarpé qui domine la plage. Quelques heures après notre arrivée à Mostaganem, la frégate et les autres bâtiments vinrent mouiller devant la ville; on s'occupa immédiatement du débarquement du matériel et des vivres, sous la sauvegarde d'une compagnie du soixante-sixième.

Pendant ce temps, des députations des habitants de Matamore et de Mostaganem vinrent me demander sûreté et protection en protestant de leur fidélité; je les rassurai en leur donnant l'assurance que leur position ne changerait pas, et qu'ils seraient comme auparavant libres de toutes leurs actions. Des proclamations furent en même temps affichées aux lieux les plus fréquentés, pour tranquilliser cette population susceptible, et jalouse à l'excès de ses anciennes coutumes.

Je dois ici rendre justice à la discipline des troupes, qui dans la communication permise avec les indigènes pour l'achat des denrées dont elles avaient besoin, ne donnèrent jamais lieu à la moindre plainte. La fin de la journée du 28 se passa tranquillement à établir le camp en avant des portes Bab-el Gerad et Bab-el Kanduck sur la route d'Oran.

Le 29 au matin, les grand'gardes du camp, établies en avant et sur la gauche dans les masures du village ruiné de Thisded, furent attaquées vigoureusement, et l'ardeur des soldats pour repousser cette attaque, fut telle, qu'ils sortirent des vieux murs qui leur servaient de retranchements. Les Arabes profitèrent de cette circonstance, pour lancer leurs cavaliers sur ces tirailleurs. Le lieutenant-colonel Barthélemy, qui commandait le camp, dut envoyer deux compagnies d'élite pour soutenir les détachements engagés, et deux autres compagnies s'avancèrent également pour leur servir de réserve. Dans cette escarmouche, les Arabes refoulés disparurent entièrement, laissant huit morts sur la place.

Pour célébrer l'anniversaire des trois journées, j'ordonnai une revue générale des troupes, en exceptant celles qui occupaient les postes et les forts; à six heures je les trouvai formées en ligne de bataille, en avant du camp. Pendant que je passais devant le front de la troupe, une salve de vingt-un coups de canons fut tirée par les forts et la frégate qui était au mouillage; après la revue une distribution de vin fut faite, et la joie la plus franche régna jusqu'à la nuit dans le camp.

C'est ainsi que les troupes de la division d'Oran, plus heureuses qu'aucun corps de l'armée, célébrèrent les trois journées par la prise de trois villes.

Les Maures qui avaient manifesté le désir de quitter les villes de Matamore et de Mostaganem, et auxquels j'avais laissé liberté entière à cet égard, se livrèrent à cette émigration dans la journée du 30.

Dans la nuit du 30 au 31, un coup de vent N.-O. força la frégate à appareiller et à se refugier à Arzew.

Le 31, à sept heures du matin, les Arabes se présentèrent en assez grand nombre sur la droite du camp, et commencèrent à jeter des tirailleurs dans les jardins qui s'étendent de ce côté jusqu'à la mer. Le chef de bataillon Pelissier, du 66e, fit ses dispositions pour les repousser : à huit heures la fusillade devint plus vive, et bientôt de nombreuses troupes d'Arabes s'élancèrent de derrière le côteau qui masquait leur réserve, et vinrent se joindre à ceux qui occupaient les jardins. Leur intention m'était alors démontrée : ils opéraient un mouvement soutenu sur la droite, tandis que d'autres se dirigeaient sur la marine pour s'en emparer. A chaque instant de nouveaux renforts de cavaliers et de fantassins gagnaient de ce côté, et occupaient les haies et les maisons à moitié détruites qui se trouvaient trop éloignées du camp pour que nous pussions les occuper les premiers. Un feu très-vif se soutint jusqu'à midi; les tirailleurs de l'ennemi, continuellement poussés, se replièrent derrière leurs cavaliers, qui, au nombre de quatre ou cinq cents, essayèrent plusieurs charges vigoureuses, dans lesquelles ils perdirent sans succès une trentaine des leurs. Le feu cessa à trois heures, et l'ennemi se retira, ayant eu environ soixante hommes tués et un grand nombre de blessés.

Le 1er au matin, les Arabes vinrent couper les canaux qui conduisent l'eau dans les différentes parties de la ville; un détachement de sapeurs du génie et de grenadiers envoyés pour reconnaître et réparer le dégât, tirailla pendant quelques instants avec eux. Le soir je fis lever le camp pour aller occuper la ville de Matamore, qui était déjà presqu'entièrement déserte. Le 2, elle était totalement évacuée, et exclusivement occupée par nous.

Je décidai qu'aussitôt après mon départ une séparation bien marquée aurait lieu entre les deux villes : j'abandonnai aux Turcs et aux Coulouglis la ville de Mostaganem, dont je leur laissai la défense ; les postes et les forts qui la dominent restèrent occupés par nos troupes, mais le service ne devait se faire que par l'extérieur. Ces dispositions nous rendirent maîtres, en cas de défection, d'écraser en un instant la ville par le feu de notre artillerie.

Le 2 août, à dix heures, la frégate revint au mouillage.

Le grand nombre d'ennemis qui se montra ce jour-là sur les hauteurs qui dominent Mostaganem fut un indice certain de l'arrivée d'Abdel-kader, qui avait entraîné sans doute tous les cavaliers des tribus qui s'étaient trouvées sur son passage.

Je conçus alors le projet d'opérer une diversion favorable à la défense, en me rendant au plus tôt à Oran, pour menacer, avec les troupes que j'y avais laissées, les derrières de l'ennemi, et en allant châtier la tribu qui aurait mis le plus d'empressement à se railler au bey.

CHAPITRE IV.

Départ de Mostaganem avec la frégate la Victoire. — Rencontre du brick le Hussard. — Arrivée à Oran. — Départ d'un renfort pour Mostaganem. — Expéditions de Taffarao. — Résultat de mes dispositions. — Journal du siége de Mostaganem.

Toutes mes dispositions étant prises pour retourner à Oran, je confiai au zèle du lieutenant-colonel Dubarrail notre nouvelle conquête; je lui laissai les instructions les plus précises, que j'eus soin de communiquer au chef de bataillon Pelissier, afin qu'en cas d'accident il n'y fût rien changé. Le 2 août, je fis prévenir M. de Perceval que je me rendrais dans la journée à son bord, avec mon état-major, et Caïd-Ibrahim, que je devais ramener à Oran.

Les Turcs, dont le nombre ne s'élevait pas à plus de trois cents, auraient pu sans inconvénient rester à Mostaganem, mais je leur laissai le choix de rester ou de venir avec moi; la moitié à peu près prit ce dernier parti : ils furent embarqués le même jour sur des bâtiments marchands.

Lorsque je me rendis à la marine, quelques

groupes d'Arabes se montrèrent sur le bord de la mer, venant de Mazagran; les boulets de la frégate les eurent bientôt fait disparaître. Ce bâtiment appareilla dès qu'il m'eut reçu à son bord; mais, retenu par un calme, il était encore le 3, à huit heures du matin, en vue de Mostaganem, et assez près pour entendre une vive fusillade et une trentaine de coups de canon, qui furent tirés par les forts; à dix heures, cet engagement avait cessé. On distinguait, en arrière de Mazagran, un camp assez nombreux; cette ville était toujours inoccupée.

Un bon vent frais s'étant levé, la frégate, dans peu d'instants, doubla le cap Canastel, et reconnut le brick *le Hussard*, qu'elle rallia. Ce bâtiment, qui venait d'Alger, m'avait été expédié d'Oran.

Craignant que les approvisionnements de guerre ne manquassent à Mostaganem, j'invitai M. Bernard, qui commandait ce brick, à se charger de cartouches et de grenades à main, que, sur ma demande, M. de Parceval mit à ma disposition. L'appui du *Hussard* pouvant être utile à la défense de la place, je priai également M. Bernard de ne pas le refuser aux assiégés.

A dix heures du soir, *la Victoire* entrait en rade de Mers-el-Kebir; je débarquai à l'instant même, pour faire partir le lendemain le renfort que je destinais à la garnison de Mostaganem. Il me parut nécessaire de donner le commandement supérieur des troupes détachées au colonel de Fitz-James, homme de capacité et de résolution.

J'avais le dessein, en portant la garnison de Mostaganem à deux mille hommes, de la faire participer aux expéditions que je projetais de faire ultérieurement dans l'est de la province.

Le lieutenant-colonel Dubarrail, qui était retenu chez lui par une indisposition, suite des fatigues des premiers combats, ne pouvait d'ailleurs s'éloigner de la place par la nature de son commandement.

Le bâtiment qui mit à la voile le 4 au matin portait en outre du renfort en hommes, de nouvelles provisions de bouche, cent cinquante mille cartouches, cinq cents obus, et d'autres munitions.

Le même jour, à cinq heures du soir, je fis partir, sous les ordres du colonel l'Etang, un détachement de douze cents hommes, y compris les escadrons du 2e de chasseurs d'Afrique, et deux pièces de montagne, pour aller châtier les douars de la tribu des Smelhas, qui s'était montrée la plus empressée à se rallier sous les drapeaux d'Abdelkader.

Les instructions les plus précises sur la distance de ces douars, sur leur position et le nombre de cavaliers qui les gardaient, furent données verbalement et par écrit au colonel l'Etang. Ces instructions comprenaient aussi les mesures qu'il devait prendre pour le succès de cette expédition.

Après huit heures de marche, la colonne arriva au point du jour à Tafarao, où étaient établis quatre douars : l'avant-garde les traversa; l'infanterie resta en bataille à soixante pas en arrière; deux escadrons couvraient chaque flanc. En un instant, les douars furent en notre pouvoir; le petit nombre d'hommes qui s'y trouvaient, avertis par le hennissement de nos chevaux et les aboiements de leurs chiens, avaient eu le temps de monter à cheval et de prendre la fuite, après avoir engagé la fusillade.

Deux sections d'infanterie furent détachées pour répondre au feu des Arabes, qui s'étaient retirés sur les hauteurs voisines; la cavalerie s'occupa de rassembler les troupeaux et de poursuivre les cavaliers ennemis.

Les prises furent placées au milieu de l'avant-garde, et la colonne se mit en marche pour revenir à Oran, mais continuellement harcelée par les Arabes, dont le nombre s'augmentait à chaque instant.

Arrivée à la gorge qu'il faut traverser pour entrer dans la plaine d'Oran, et qui est fermée par des petits monticules qui s'avancent jusqu'au lac Sebkra, la colonne se trouva un instant arrêtée par le feu que les ennemis mirent aux herbes et plantes desséchées par le soleil brûlant du pays, ce qui occasionna un embrasement rapide et très-étendu (1); mais les troupeaux, en passant avec impétuosité sur ces matières enflammées, les eurent bientôt éteintes, et deux charges vigoureuses du 2e de chasseurs, contre les cavaliers qui épiaient le moment du désordre que devait occasionner l'incendie, dégagèrent entièrement le passage.

La chaleur et la soif accablaient les troupes, dont la provision d'eau n'avait point été renouvelée dans les douars envahis, malgré l'ordre formel que j'en avais donné; enfin, elles prirent position à la fontaine de Kerma, à trois lieues d'Oran. Cette eau fut fatale à quelques hommes qui s'y désaltérèrent avec une trop grande avidité; ils devinrent incapables d'aucun mouve-

---

(1) Cette coutume des Arabes est souvent mentionnée par les historiens des croisades : elle contribua plus que toute autre à la défaite des chrétiens dans la mémorable journée de Tibériade, qui livra Jérusalem au grand Saladin.

ment, au point de méconnaitre les ordres et les prières même de leurs chefs.

M. de Forges, mon officier d'ordonnance, qui faisait partie de cette expédition, traversa seul la plaine d'Oran, sur laquelle était répandu un grand nombre d'Arabes, pour me venir rendre compte de la position fâcheuse où se trouvait la colonne. Je montai sur-le-champ à cheval, emmenant avec moi cinq cents hommes de la garnison et deux pièces de campagne.

La vue des renforts que j'emmenais et l'eau que les habitants s'empressèrent de porter, sur l'invitation que je leur en fis transmettre, relevèrent le moral des soldats, dont un grand nombre, et principalement ceux du 5e bataillon de la légion étrangère, en étaient à leur première sortie.

Les Arabes, intimidés par quelques coups de canon que je fis tirer sur eux, et par l'arrivée de nouvelles troupes, se retirèrent. La colonne se remit en route, et rentra à six heures du soir à Oran.

Le nombre des prisonniers s'élevait à quatre-vingt-deux individus, dont une dixaine d'hommes; le restant était de femmes ou enfants. Ils furent placés dans une maison exclusivement réservée pour eux. Parmi les femmes, plusieurs appartenaient à des scheiks ou à des familles influentes. Cette capture pouvait avoir les plus grands résultats, et attirer à nous la tribu dont faisaient partie les douars. Je veillai à ce que tous les soins fussent donnés aux prisonniers.

Quatre-vingt-huit chameaux, quatre cents quarante-deux bœufs, trois mille moutons, vingt mulets, quatre chevaux et cinquante-un ânes, furent pris dans cette expédition et remis à l'administration militaire.

La perte des Arabes fut considérable; dans une seule charge, nos chasseurs leur enlevèrent quatorze cavaliers. Nous eûmes, de notre côté, à déplorer la perte d'un capitaine de chasseurs et de vingt hommes.

Le colonel l'Étang cite comme s'étant particulièrement distingués :

MM.

Denest, capitaine de gendarmerie.
Kervela, lieutenant d'artillerie.
Escavy, 1er canonnier *idem.*
Cabiro, capitaine au 66e.
Tonnelli, capitaine, 5e bataillon, légion étrangère.
Manzone, caporal, *idem.*
Colombe, fusilier, *idem.*
Lemaistre, lieutenant au 66e.
Bisson, fusilier, *idem.*
Monier, *idem*, *idem.*

Carlos, lieutenant, 4e bataillon de la légion étrangère.
Palomi, fusilier, *idem*.
Bignon, chef d'escadron, 2e de chasseurs.
De Thorigny, fusilier, 4e bataillon de la légion étrangère.
De Saint-Fargeau, capitaine, *idem*.
Crespin, sous-lieutenant, *idem*.
Cortot, brigadier, *idem*.
Bouillon, chasseur, *idem*.
De Maligny, lieutenant d'état-major.

Cette expédition eut le résultat que j'en attendais; à peine la nouvelle parvint-elle au camp d'Abdelkader, que toutes ses troupes l'abandonnèrent pour revenir dans leurs tribus.

Les Arabes connurent, ce jour-là, le danger de laisser leurs douars sans défense, exposés à nos attaques inattendues, et j'atteignais le but que je me proposais, de diminuer l'influence d'Abdelkader sur les indigènes, et de les rendre sourds à ses appels.

Les nouvelles qui me parvenaient de Mostaganem, m'annonçaient en même temps l'heureux résultat de la diversion que j'avais opérée au préjudice des assiégeants.

J'appris que nos compagnons d'armes, à vingt-cinq lieues d'Oran, soutenaient vigoureusement l'honneur du nom français contre une nuée d'Arabes, pendant que d'un autre côté nous obligions l'ennemi à se disperser, et nous faisions peser sur une tribu isolée les calamités de la guerre, pour venger des atrocités commises sur des Français.

D'après le rapport de M. le commandant supérieur de Mostaganem, le 3 août, dès la pointe du jour, l'ennemi qui s'était logé dans le village détruit de Risded, ainsi que dans les masures et les ravins qui entourent la place, l'attaqua avec une grande vigueur.

Le marabout de Sidi-Mazouff placé au bord de la mer, et qui n'avait pas été mis à l'abri d'un coup de main, essuya les premiers efforts de l'ennemi.

Le poste était occupé par une compagnie du 66e, commandée par le capitaine Moreau : obligée de se défendre par les créneaux pratiqués à la hâte dans la muraille d'enceinte et sur le point de manquer de munitions, elle attendit et reçut les Arabes à la bayonnette.

Dans ce moment une sortie dirigée par le chef de bataillon *Pelissier*, et composée de trois compagnies d'élite commandées par le capitaine Claparède, se précipita au pas de course sur les masses de l'ennemi et les culbuta à la bayonnette. L'une de ces compagnies, qui était en réserve, eut ensuite à résister au flot de l'ennemi qui en fuyant s'avançait sur elle : la résistance fut ferme et vigoureuse; elle fut secondée par le lieutenant Blin, qui, n'écoutant que son courage, s'éloigna de la position qu'il gardait et qui n'était pas attaquée, pour s'élancer avec son peloton sur les Arabes, et les força de changer de direction.

L'arrivée de deux nouvelles compagnies de voltigeurs détermina la retraite de l'ennemi, qui se borna à tirer quelques coups de fusils sur les murailles de la ville.

Le 5, il se présenta en plus grand nombre encore que le 3, et attaqua de nouveau le marabout de Sidi-Mazouff: mais le brick le *Hussard*, qui se trouvait alors au mouillage, balaya en peu d'instants toute la côte occupée par les Arabes.

Ceux-ci chassés de leurs positions se retirèrent précipitamment pour se porter sur le front d'attaque, du côté de Risded : des renforts leur étaient arrivés : on ne les avait point encore vus aussi nombreux et aussi entreprenants.

Pendant qu'une multitude de cavaliers garnissait le rideau le plus rapproché de la ville, l'infanterie s'avança jusqu'au pied de la muraille qui n'a point de fossés, et fit feu, presque à bout portant, sur les canonniers, par les embrasures et les créneaux.

La partie du nord, du côté du fort del Mahal,

et la portion de la ville maure défendue par les Turcs étaient aussi vigoureusement attaquées.

A cinq heures du soir, le feu se ralentit, et l'on croyait l'affaire finie, lorsqu'après une prière solennelle les Arabes se précipitèrent de nouveau avec fureur sur les murailles de la ville, faisant des efforts inouis pour les saper. La défense ne fut pas moins énergique; le lieutenant de grenadiers de Gérandon se plaça à cheval sur le faîte de l'un des murs, et fit feu avec ses grenadiers sur les Arabes qui travaillaient à la sape. Enfin, à minuit, l'ennemi, fatigué de ses efforts inutiles et découragé par ses pertes, se retira.

Le 6, le colonel de Fitz-James prit le commandement de Mostaganem; les assiégeants s'étant aperçus du mouvement de trois compagnies d'élite, envoyées à la marine pour protéger le débarquement, firent marcher une forte colonne d'infanterie sur la ville : cette colonne s'en approcha avec tant d'ordre et de silence, qu'on ne la vit que lorsqu'elle était déjà à portée de fusil. Cette fois encore trompés dans leurs espérances, les Arabes furent forcés de se retirer. Une nouvelle attaque fut tentée le 7 : l'ennemi était déjà évidemment découragé, le feu cessa à la nuit qui fut passée sous les armes.

Le 8, une compagnie de voltigeurs, envoyée

pour détruire un marabout crénelé la veille par les assaillants, fit son opération sous leur feu. Trois compagnies du 1er bataillon d'infanterie légère d'Afrique qui, sous les ordres du capitaine Cheruel étaient occupées dans les ravins à couper des roseaux destinés à faire des saucissons, repoussèrent vigoureusement leurs efforts réitérés et les attaques dont elles furent l'objet pendant leur travail.

Dans la soirée, le vent ayant forcé le brick à prendre le large, le marabout de la marine fut attaqué de nouveau; la bonne contenance des braves qui le défendaient fit échouer cette nouvelle tentative.

Enfin, dans la matinée du 9, les Arabes levèrent leur camp, et se retirèrent hors de portée de la place. Dans ces affaires nous eûmes une dixaine d'hommes tués, et environ soixante blessés: Tous les renseignements que j'ai pu recueillir relativement aux pertes de l'ennemi, s'accordent à élever le nombre des morts à cinq cents, et celui des blessés à mille.

La garnison de Mostaganem fit preuve de la plus énergique résolution, et montra un calme et une confiance admirables.

Le colonel de Fitz-James cite comme s'étant distingués :

MM.

Pelissier, chef de bataillon, 66e de ligne.
Moreau, capitaine, *idem*.
Bianconi, sous-lieutenant, *idem*.
Mercière, lieutenant, *idem*.
Gérandon, *idem*.
Polin, *idem*.
De Radepont, aide-major.
Allard, sergent-major.
Beget, sergent de grenadiers.
Leblanc, sergent.
Gasset, caporal.
Mondion, *idem*.
Forestier, fusilier.
Minot, grenadier.
Didion, *idem*.
Patry, fusilier.
Mercier, lieutenant, légion étrangère.
Bomardi, caporal.
Vagnoux, grenadier.
Boua, voltigeur.
Puguessau, sergent, infanterie légère d'Afrique.
Henriel, chasseur.
Poulain, *idem*.
Chauffour, sergent-major, 5e régiment du génie.
Corbet, sapeur.
Paul, capitaine, 1er régiment d'artillerie.
Bouquet, maréchal-des-logis.
Cambacédes, canonnier.

Rapport du ministre du 3 août.

CHAPITRE V.

Abd-el-Kader rentré à Mascara. — Plusieurs scheiks de la tribu des Smelhas viennent réclamer les prisonniers faits au combat de Taffarao.—Traité avec ces chefs. — Ils laissent trois familles en ôtage. — Ouvertures des négociations pour la paix avec Sidi Mustapha et avec son frère Sidi Mazary. Outrage d'un brigadier de chasseurs envers la femme de Caïd-Ibrahim. — Désordre occasionné par la punition qui lui fut infligée.

La prise de Mostaganem et les vains efforts des Arabes devant cette place, devaient affaiblir la confiance qu'ils avaient dans Abd-el-Kader; obligé de lever son camp par suite de la diversion que j'avais opérée et des grandes pertes que les siens venaient d'essuyer pendant le siége, il était rentré à Mascara avec un petit nombre de cavaliers.

Je m'attendais à chaque instant à voir quelques-uns des douars maltraités dans les divers combats, venir se ranger du côté de nos armes. Mes prévisions étaient fondées. Peu de jours après l'expédition contre les Smelhas, plusieurs chefs eurent recours à notre générosité, implorant la restitution des femmes, des enfants et des Arabes faits prisonniers à Taffarao, et s'engageant à vivre en bonne intelligence avec nous, et à approvisionner nos marchés.

Voulant profiter de ces bonnes dispositions, et les attacher par un lien plus fort que des promesses, je leur proposai un traité de paix, auquel ils consentirent avec empressement, et offrirent pour garantie de la paix, de laisser en ôtage trois des familles les plus considérables parmi eux. Par ce traité ils promettaient fidélité et soumission à la France; ils s'engageaient à venir s'établir à Mserguin, et dans les environs, et à assurer les communications entre ce point et Oran, à rendre les déserteurs, favoriser l'arrivage des denrées et bestiaux que les autres tribus nous amèneraient, m'informer de tous les événements qui auraient lieu dans la province, enfin à faire cause commune avec nous.

De notre côté, nous leur promettions de les aider et de les protéger chaque fois que nous en serions requis par eux, de les indemniser autant qu'il dépendrait de nous des pertes que nos ennemis communs pourraient leur faire éprouver, de faire établir pour la sûreté des douars établis à Mserguin, une fortification qui serait défendue par des Français et des Turcs, et dont la garde pouvait être confiée aux douars eux-mêmes.

Comptant sur leur bonne foi, nous leur rendîmes les familles prisonnières et une partie des prises faites le 6 août. Le reste pouvait leur être rendu ultérieurement, si les conditions étaient ponctuellement observées.

J'étais convaincu d'avance que ce traité ne serait qu'illusoire; car ces douars venaient de se charger d'un rôle au-dessus de leurs forces, et n'étaient point en position de soutenir leur indépendance contre les autres tribus; je leur aurais même évité de se compromettre aussi gravement, si je n'eusse craint d'autre part de leur inspirer des doutes sur nos bonnes intentions et notre désir de faire alliance avec les populations de la province qui rechercheraient notre amitié.

Les prisonniers furent donc rendus ainsi qu'une partie des troupeaux. Ce qui avait été livré à l'administration militaire devait, d'après les stipulations du traité, leur être payé, après des preuves réitérées de franchise et de soumission.

Malheureusement mes prévisions ne tardèrent pas à se réaliser; malgré eux, les Smelhas furent obligés dans la suite de suivre le torrent et de se rallier encore au drapeau d'Abdelkader. Je ne me répentais pas toutefois des preuves de générosité et de modération que je leur avais données. C'était semer pour recueillir plus tard.

Ils pouvaient céder momentanément à une puissance irrésistible, et devenir parjures envers nous; mais au moindre revers de cette puissance qui les dominait, je devais m'attendre à les voir revenir implorer leur pardon.

Dans un tel cas le souvenir de notre conduite généreuse devait agir plus efficacement que la crainte du châtiment. J'avais trop à cœur la cessation des hostilités pour ne pas rechercher par tous les moyens possibles la confiance des tribus voisines d'Oran. Celle des Douërs, comme la plus guerrière de la province, et qui du temps des beys était la plus dévouée aux Turcs, devait plus particulièrement fixer mon attention.

J'envoyai un marabout des Smelhas, qui était au nombre des ôtages, et qui paraissait nous être dévoué, vers Sidi-Mustapha Ben Ismaïn, chef des Douërs, homme d'une grande réputation parmi les Arabes, et très-influent par ses richesses et sa naissance. Mon envoyé était chargé de proposer à ce chef de le faire reconnaître bey de la province, s'il consentait à se soumettre à la France.

Cette alliance aurait été d'autant plus avantageuse pour nous, qu'elle devait maintenir celle des Smelhas, leurs voisins, avec lesquels nous avions déjà traité, et nous acquérir celle de la tribu des Bordjias, que de nombreux liens de parenté unissaient aux Douërs.

Ma proposition échoua auprès de Sidi Mustapha. Le fanatisme et la haine du nom chrétien, chez un ennemi d'un âge aussi avancé, ne pouvaient être combattus par aucune influence : il répondit toutefois à mon émissaire de s'adresser à son frère Sidi Mazary, qui était depuis longtemps chargé des intérêts de la tribu. Plus intelligent et moins fanatique que Mustapha, Sidi Mazary fut flatté de la proposition que je lui fis de l'élire bey : il s'établit alors entre nous un cours de négociations qui continua secrètement pendant trois mois : ses émissaires arrivaient à Oran pendant la nuit, et partaient aussitôt que les conférences étaient terminées. Il y fut traité de plusieurs combinaisons pour abattre le bey. Mazary étant un des chefs les plus marquants de la province, pouvait avec notre appui lutter contre Abd-el-Kader. Je lui fis entendre que dans le cas où il voudrait se charger de la dignité que je lui offrais, il pouvait compter sur la coopération de la France. De telles considérations devaient l'emporter infailliblement chez lui sur un reste de fanatisme et de crainte ; mais au moment de s'engager il recula devant les dangers d'un pareil rôle, et refusa de l'accepter : la jalousie et l'aversion qu'il portait à Abd-el-Kader n'étaient pas assez fortes pour le décider à une levée de boucliers aussi dangereuse que le serait irrévocablement la lutte qu'il aurait à soutenir contre ce puissant adversaire.

J'avais rendu compte à M. le maréchal ministre de la guerre de la marche de ces négociations, et je lui demandais, le cas échéant, le pouvoir d'instituer un bey, en choisissant celui qui conviendrait le mieux à nos intérêts et qui serait en position d'étendre son influence parmi les indigènes.

Ce fut pendant la durée des conférences et des relations fréquentes que j'avais avec Sidi Mazary, qu'il survint un événement qui pouvait compromettre gravement notre existence politique dans le pays, et détruire dans un instant tout ce qui avait déjà été fait pour arriver à une alliance franche et durable entre nous et les Arabes.

Un brigadier du 2e régiment de chasseurs d'Afrique ayant rencontré dans la rue la femme de Caïd Ibrahim, se permit d'arracher le voile qui la couvrait et la renversa brutalement à terre.

Une grande fermentation se fit remarquer immédiatement parmi les Turcs et les Maures, et Caïd Ibrahim vint comme un furieux demander vengeance de cet outrage. Je ne devais pas, dans notre intérêt, hésiter à lui donner la satisfaction qu'il demandait, et à calmer les susceptibilités musulmanes en faisant punir avec sévérité le militaire coupable.

Le jugement d'un conseil de guerre, quelque rigoureux qu'il eût été, aurait trop retardé, par suite des formes de procédure dont on ne pouvait s'écarter, la satisfaction qui m'était demandée : d'ailleurs notre code n'avait pu prévoir le cas d'une telle violence qui, à nos yeux, avait moins de gravité que pour les mahométans. Il fallait donc prescrire une punition qui fût assez publique et assez complète pour empêcher les indigènes de douter de ma ferme résolution de faire respecter leurs mœurs. J'eus alors recours à une punition dont on s'était servi quelquefois à la vieille armée, pour des délits dont il fallait éviter sur-le-champ le renouvellement. J'ordonnai donc que le brigadier fût extrait de la prison militaire pour être conduit au fort Mers-el-Kebir, ayant sa veste retournée et portant sur son dos l'écriteau suivant :

« Cet indigne Français est chassé de son régi-

« ment pour avoir outragé la femme d'un mu-
« sulman. »

Le coupable était ainsi conduit par la gendarmerie à Mers-el-Kebir, lorsque quelques mauvaises têtes du régiment se mirent à crier : *A cheval*, allons délivrer notre camarade.

La voix des officiers qui cherchèrent à les faire rentrer dans leurs quartiers fut méconnue, et en un instant le désordre fut à son comble.

Je prescrivis les mesures les plus promptes pour faire cesser cette émeute militaire, et ce ne fut pas sans peine qu'on y parvint. Les instigateurs de la révolte étaient trop nombreux, et la fermentation trop grande pour faire arrêter à l'instant même tous les coupables : je m'étais décidé à retarder cette mesure que me prescrivait la discipline, lorsque Caïd Ibrahim, alarmé des suites de cet événement, se rendit chez moi avec les Turcs les plus notables, accompagné de M. Roger, lieutenant de gendarmerie, pour demander la grâce du brigadier et son élargissement.

Je refusai long-temps, car je tenais à prouver aux indigènes le respect que nous avions pour leur croyance et leurs usages ; mais convaincu que la punition, quoiqu'extra-réglementaire, avait été satisfaisante, et cédant aux instances, aux larmes même d'Ibrahim, je promis la mise en liberté de ce brigadier; ce qui eut lieu le lendemain. Je regrettai pourtant, dans l'intérêt de la discipline, de ne pouvoir, par l'indulgence dont j'usais à l'égard du coupable, livrer au conseil de guerre les instigateurs du désordre qui s'était manifesté dans le régiment.

Je me plais à proclamer aujourd'hui que tous les autres corps de la division restèrent étrangers à l'émeute, et qu'ils montrèrent le meilleur esprit dans cette journée de désordre.

CHAPITRE VI.

Arrivée de la commission; promenade à Mserguin. — Combat d'Aijn Beda. — Marche de la division pour aller au-devant d'Abd-el-Kader. — Perfidie du scheik Kaddour-Tubben. — Lettre au bey. — Réponse de ce chef. — Combat de Tamezouat. — Deuxième lettre au bey. — Combat de cavalerie.

Peu de temps après cet événement, la corvette l'*Agathe*, qui avait à son bord la commission d'Afrique, m'ayant été signalée, je donnai des ordres aux commandants d'Oran et de Mers-el-Kebir, pour faire rendre à MM. les commissaires les honneurs dus à leur mission et à leur rang.

Le jour de leur arrivée, ils reçurent les visites de corps des employés civils, français et des Maures et des consuls étrangers.

Ils visitèrent le lendemain les établissements militaires, et continuèrent sans relâche à recueillir sur ce pays tous les renseignements qu'ils désiraient.

L'acte d'indiscipline des chasseurs et l'arrivée de la commission avaient interrompu les négociations ouvertes avec les Douërs, qui étaient plutôt retenus par la crainte du bey que par des motifs religieux. Les conférences cessèrent entièrement par suite d'un appel aux armes que fit Abd-el-Kader, en apprenant l'arrivée de la commission à Oran.

Pendant ce temps, MM. les commissaires ne voulant pas borner leurs investigations à l'intérieur de la ville, désirèrent visiter le pays à quelques lieues d'Oran, parcourir la campagne pour en connaître la nature, et ajouter des notions nouvelles à celles qu'ils avaient déjà recueillies.

Prévenu que le bey, à la tête de quatre à cinq mille cavaliers, était sorti de Mascara pour asseoir son camp sur le Tléla (à six lieues d'Oran), je crus devoir donner avis à M. le président de la commission de la proximité de l'ennemi. Cet officier général ne jugea pas à propos de renoncer par ce motif au projet formé d'aller jusqu'à Mserguin, château du dernier bey situé à trois lieues d'Oran, dans une vallée délicieuse.

Le 1er octobre, je sortis de la place avec dix-huit cents hommes, me dirigeant sur Mserguin, avec MM. les membres de la commission. Arrivés sur ce point en parcourant les crêtes des collines qui séparent la plaine d'Oran de celle d'*Aijn Beda*, nous revînmes après une halte de deux heures à ce château ruiné, par la route qui traverse cette dernière plaine en longeant le lac Sebkra.

La colonne suivait cette direction, lorsqu'arrivée à l'extrémité orientale du lac, l'avant-garde rencontra des coureurs ennemis avec lesquels elle commença à tirailler.

Peu de temps après, trois à quatre mille cavaliers commandés par Abd-el-Kader, débordèrent brusquement des collines derrière lesquelles il les avait masqués pour se précipiter sur la colonne. Ils furent accueillis par un feu très-vif de nos tirailleurs, et par celui de quatre pièces de montagne que nous avions emmenées.

Nos troupes dans cette rencontre montrèrent la même résolution que dans nos combats précédents.

Les Arabes, qui n'abandonnèrent l'attaque qu'à la nuit close, perdirent un grand nombre des leurs ; notre perte fut de quatre tués et trente-deux blessés.

Le combat d'Aijn Beda fit d'autant plus d'honneur aux troupes qui y prirent part que les deux tiers d'entre elles venues depuis peu d'Alger, avaient eu rarement l'occasion de se mesurer avec nos ennemis, et pouvaient être surprises de l'audace des cavaliers de cette province.

M. le lieutenant général Bonnet, qui ne quitta

pas, pendant le combat, la ligne des tirailleurs, a pu apprécier le sang-froid et le courage de nos troupes, contre un ennemi aussi entreprenant.

La colonne rentra à neuf heures du soir dans la place.

On remarqua dans cette journée

MM.

Dalmas, chef d'état-major.
Armand, gendarme.
Genery, canonnier.
Jourgeon, lieutenant du génie.
Blondy, capitaine, voltigeurs, 66e.
Desmercières, lieutenant, *idem*.
Allard, sergent-major, *idem*.
Dupont, sergent, *idem*.
Fournier, caporal, *idem*.
Marty, voltigeur, *idem*.
De Saint-Fargeau, capitaine, 2e chasseurs.
Bernard, lieutenant, *idem*.
Habaïbi, *idem*, *idem*.
Arbellot, maréchal-des-logis, *idem*.
Capenot, brigadier, *idem*.
Pian, chasseur, *idem*.
Ysmael-Beck, indigène.
Hauret, fusilier, légion étrangère.
Bouillon, adjudant-major, *idem*.
Arbessi, sergent, *idem*.
Baillot, lieutenant; première compagnie, fusilier de discipline.
Collin, chirurgien en chef de l'hôpital militaire.

Rapport au ministre du 10 octobre.

La proximité du camp du bey, me faisant croire qu'il s'avancerait le lendemain dans la plaine d'Oran, je voulus lui épargner la moitié du chemin. Je me portai avec le même nombre de troupes que la veille jusqu'à Msullen. M. le général Bonnet et MM. les commissaires voulurent encore nous accompagner. Mais les Arabes avaient été trop maltraités la veille pour recommencer le lendemain.

Quelques coups de fusil seulement furent envoyés à des cavaliers qui observaient nos mouvements. Après une halte de trois heures la colonne rentra à Oran. —

Peu de jours après la levée du siége de Mostaganem, et les combats de Taffarao; d'Aijn Beda, les tribus les moins éloignées de cette place avaient apporté au marché des approvisionnements de toute espèce. L'abondance régnait à Mostaganem. Sidi Abdalla, chef de la tribu des Medjaërs, encourageait les siens à prouver aux Français le désir qu'il avait de vivre en bonne intelligence avec eux; et indépendamment des approvisionnements, il nous fournissait beaucoup de chevaux.

Un scheik nommé Kaddour-Tubben, d'un des douars des Bordjias, fréquentait assidûment nos marchés et ne manquait jamais de faire valoir auprès du colonel Fitz-James ses bonnes dispositions à notre égard. Oran était suffisamment approvisionné par les Smelhas et les Douërs, les Bordjias fournissaient Arzew.

Cet état de choses ne fut pas de longue durée. Abd-el-Kader donna les ordres les plus sévères pour faire cesser ces relations commerciales. Il désigna les tribus qui lui étaient les plus dévouées pour être les instruments de la haine qu'il nous portait. Les Garabas furent chargés d'empêcher l'arrivage des denrées à Oran et à Arzew, et les Hachem devaient de leur côté couper toute communication avec Mostaganem. Toutefois les Medjaërs, les Bordjias, les Smelhas et les Douërs trompèrent la vigilance des postes des autres tribus plus dévouées au bey, et ne nous laissaient manquer de rien, quand de nouvelles enmaces d'Abd-el-Kader jetèrent une telle frayeur parmi eux, qu'ils ne reparurent plus. Sidi Abdalla, chef d'une grande tribu, brava seul pendant quelque temps la colère du bey; Kaddour-Tubben, moins puissant que lui, ne continua ses visites à Mostaganem et à Arzew que pour mieux accomplir un infâme projet, au moyen duquel il espérait racheter les bonnes grâces d'Abd-el-Kader, en lui faisant croire que s'il avait méconnu pendant quelque temps ses ordres, ce n'était que pour mieux nous tromper. S'étant présenté à Arzew avec quelques provisions, il demanda au commandant une escorte pour éviter, disait-il, d'être pillé par les Garabas : sa demande parut fondée, on lui donna quatre chasseurs à cheval d'Afrique, commandés par un maréchal-des-logis, qui avaient été détachés à Arzew pour y soigner les chevaux que les Bordjias venaient vendre au marché de cette ville. Cette escorte revint sans encombre. Deux jours après, Kaddour-Tubben renouvela la même demande : n'ayant aucun motif de le soupçonner de perfidie, le commandant obtempéra de nouveau à sa prière et le fit accompagner par la même escorte. Mais au moment où nos malheureux chasseurs quittaient ce chef pour revenir à leur poste, ils furent assaillis par une vingtaine d'Arabes embusqués dans un vallon. Un des chasseurs fut si grièvement blessé qu'ils le laissèrent sur la place ; un autre put s'échapper, mais le maréchal-des-logis et les deux hommes furent garrottés et conduits à Mascara, par le perfide Kaddour-Tubben.

Voulant à tout prix arracher nos soldats prisonniers des mains du bey, je lui écrivis la lettre suivante.

LE GÉNÉRAL DESMICHELS,

A SIDI ABD-EL-KADER BEN-MEYDIN,

Salut!

« Dans l'espérance de faire mettre en liberté quatre malheureux prisonniers renfermés dans les cachots de Mascara, je n'hésite pas à faire auprès de vous une demarche que ma position m'eût interdite, si elle ne m'eût pas été prescrite par l'humanité, et si je ne savais pas que plus les hommes sont placés sur un échelon élevé, plus ils doivent se faire remarquer par des actes de grandeur d'âme, qui seuls établissent la distance que Dieu a voulu mettre entre eux et la multitude.

« En conséquence, en réclamant la liberté des Français, qui commandés pour protéger et soustraire des Arabes à la vengeance d'autres Arabes, sont tombés dans un criminel guet-apens, je ne puis pas croire que vous y mettiez des exigences et des conditions.

« Lorsque le sort des armes fit tomber entre mes mains des Garabas et des Smelhas avec un grand nombre de leurs femmes, ai-je mis des conditions? je les ai rendus à leurs familles après les avoir comblés de soins. J'espère donc que si vous tenez à être considéré comme un grand de la terre, vous ne resterez pas en arrière en générosité, que vous suivrez mon exemple, et que vous mettrez en liberté les trois Français et l'Italien qui sont en votre pouvoir. Je vous promets d'avance que si les chances de la guerre faisaient tomber entre mes mains quelques-uns des vôtres, ils vous seraient rendus immédiatement, sans aucune espèce de rançon. »

Je transcris ici la réponse d'Abd-el-Kader qui me fit connaître la haine de l'adversaire dont j'avais à combattre la politique autant que les armes.

Le 6e jour de hiemadistani de l'hégire
1249 (30 octobre 1833).

« Louange à Dieu, à notre seigneur Mahomet, ainsi qu'à ses compagnons.

HADJI ABD-EL-KADER BEN-MEYDIN, prince des fidèles défenseurs des Croyants, au général DESMICHELS (que Dieu protège ses armes), gouverneur d'Oran,

Salut!

« J'ai reçu la lettre dans laquelle vous expri-
« mez l'espoir d'obtenir la liberté des quatre pri-
« sonniers qui sont entre mes mains; j'ai compris
« tout ce qu'elle contenait et je m'empresse d'y
« répondre.

« Je n'avais pas pensé à vous proposer de ra-
« cheter vos soldats, ce n'est que sur l'assurance
« trompeuse qu'ils m'ont donnée de votre dispo-
« sition à faire un sacrifice pour les délivrer, et
« dans le but de soulager leur infortune que je
« me suis décidé à faire une proposition de ce
« genre (1).

« Vous me dites que malgré votre position vous

(1) Il avait demandé 1000 fusils pour chacun d'eux.

« avez consenti à faire les premières démarches,
« c'était votre devoir suivant les règles de la
« guerre; chacun son tour entre ennemis, un jour
« pour vous, un jour pour moi; le moulin tourne
« pour tous deux, mais toujours en écrasant de
« nouvelles victimes. Néanmoins c'est un devoir
« religieux pour chacun de nous et il faut l'accom-
« plir. Pour moi, quand vous avez fait des prison-
« niers, je ne vous ai jamais fatigué de démarches
« en leur faveur. J'ai souffert comme homme de
« leur malheureux sort, mais comme musulman
« je regarde leur mort comme une vie nouvelle,
« et leur rachat de l'esclavage au contraire, comme
« une mort honteuse; aussi n'ai-je jamais de-
« mandé leur grâce. Vous me dites que les princes
« de la terre doivent se faire remarquer par leur
« générosité et leur grandeur d'âme, et vous con-
« cluez que je dois vous rendre sans rançon les
« prisonniers que j'ai entre les mains; votre prin-
« cipe est vrai en général, mais ma religion s'y
« oppose; le rachat des esclaves n'est permis
« qu'entre musulmans. Vous me dites plus loin que
« ces Français étaient là pour protéger des Ara-
« bes contre d'autres Arabes, ce ne peut être une
« raison pour moi, les protecteurs et les protégés
« sont tous mes ennemis, et tous ceux qui dans
« la province vont chez vous sont de mauvais

« croyants qui ignorent leurs devoirs. Quant à « ceux qui ont commis ce que vous appelez un « guet-apens, ils ne sont pas à mon service, et « sont d'un rang trop inférieur pour que je m'en « occupe.

« Je profiterai de cette circonstance pour « vous exprimer mon étonnement de votre légè- « reté à croire au dévouement et à la bonne foi « d'hommes qui, dans la crainte que je le sache, « n'osent venir chez vous qu'en cachette. Quant à « moi, je soupçonne jusqu'à leur ombre, et tous « ceux qui tombent entre mes mains ont la tête « tranchée, ou sont mis en prison. Vous placez « trop facilement votre confiance dans des gens « qui n'en sont pas dignes.

« La demande que je vous ai faite pour ces « prisonniers n'a pas été motivée, croyez-le bien, « par mon désir d'avoir de l'argent, mais simple- « ment pour savoir vos dispositions à leur égard.

« Vous vous vantez d'avoir rendu gratuite- « ment les Garabas et les Smelhas, cela est vrai, « mais vous aviez surpris des hommes vivant sous « votre protection (1), et approvisionnant jour- « nellement vos marchés. Votre armée les a dé-

(1) Jamais les Garabas n'ont fréquenté nos marchés et encore moins étaient-ils sous notre protection.

« pouillés de tout ce qu'ils possédaient. Si au con-
« traire vous étiez sorti de votre territoire pour
« attaquer des gens qui s'y attendissent, tels
« qu'Habi-Boalem, Kaleffa, les Béni Hamer ou les
« Hachem, vous pourriez alors à juste titre parler
« et mériter les louanges que vous revendiquez
« pour avoir surpris les Garabas et les Smelhas.
« Quand vous sortirez à deux ou trois journées
« d'Oran, j'espère que nous nous verrons, et l'on
« saura enfin qui de nous deux doit rester maître
« du pays. Il est temps, car si vous restez tou-
« jours chez vous, le malaise auquel les malheu-
« reux habitants de la province sont en proie
« depuis si long-temps, se prolongera indéfini-
« ment. »

Cette lettre, par son acerbité sauvage et par ses fanfaronnades, me fit entrevoir que la lutte entre nous et les Arabes serait plus longue que je ne l'avais pensé.

Cependant aucun événement n'eut lieu depuis le combat d'Aijn Beda jusqu'au 3 décembre, jour du combat de Tamezouat, dans lequel la division battit complètement huit à neuf mille cavaliers arabes conduits par le bey, qui, oubliant ses défaites, n'avait pas craint de me défier dans la lettre que je viens de transcrire.

Toutefois, le but de l'expédition sur Tamezouat était de venger la mort de deux officiers assassinés à la chasse, les atrocités commises sur un capitaine du 2e de chasseurs, pris à Taffarao, et la perfidie dont avait été victime le détachement d'Arzew.

Je tenais à apprendre aux Arabes que notre vengeance suivrait de près leurs outrages, et que le sang français ne serait jamais impunément versé.

Je partis donc le 2 décembre, à six heures du soir, avec deux mille hommes d'infanterie, quatre cents chasseurs à cheval, deux batteries et cent sapeurs du génie, pour me porter par une marche de nuit jusqu'au pied du petit Atlas, où étaient établis les Douars, principalement auteurs des attentats que nous allions venger. Je savais aussi que le bey, au retour d'une expédition contre une tribu des environs de Tlemecen qui avait refusé d'obéir à ses ordres, avait assis son camp non loin de là, dans la plaine de Meletta.

Après une marche longue et rapide faite pendant la nuit avec un ordre admirable, l'avant-garde de la division conduite par le colonel Oudinot parut inopinément à la pointe du jour devant plusieurs Douars qui furent aussitôt dispersés, laissant en notre pouvoir un grand nombre de femmes et d'enfants.

La fusillade qui s'était engagée entre les Arabes des Douars surpris et notre avant-garde donna l'éveil au camp d'Abd-el-Kader, et à toutes les tribus qui couvrent cette partie de l'Atlas. A huit heures du matin, des nuées de cavaliers parurent de toutes parts et couvrirent l'immense plaine de Meletta, citée comme la plus fertile de l'Afrique. Mais nos dispositions étaient prises pour leur faire payer cher cette journée.

Les premiers cavaliers qui se présentèrent devant nos lignes de tirailleurs furent refoulés sur ceux qui les suivaient, tandis que l'artillerie arrêtait au loin les masses par les projectiles qu'elle leur lancait. De tous côtés cependant des renforts arrivaient à l'ennemi; bientôt toutes les faces du carré que formaient nos tirailleurs se trouvèrent enveloppées par sa cavalerie, qui montrait une grande résolution. Une vive fusillade s'engagea entre elle et nos nombreux tirailleurs, qui, choisis pour leur adresse à nos exercices continuels du tir, lui faisaient éprouver de grandes pertes.

Le combat se soutint jusqu'à dix heures; l'ennemi s'éloigna alors hors de portée de canon, et parut attendre d'autres tribus, qui se montrèrent en effet plus tard.

Je profitai de ce moment de repos pour faire distribuer aux troupes une ration d'eau-de-vie, et pour rendre, après leur avoir prodigué des soins empressés, toutes les femmes et les enfants recueillis par l'avant-garde ; je ne gardai que les hommes pris à l'attaque des Douars. Ce fut un spectacle curieux que de voir une cinquantaine de femmes et d'enfants traverser avec leurs longs vêtements blancs le terrain que nous occupions, et les lignes des tirailleurs pour retourner vers leurs tentes.

Une foule immense d'Arabes accourut au-devant d'elles ; le traitement généreux et les secours qu'elles avaient reçus parmi nous durent faire une forte impression chez un peuple intelligent et guerrier, et lui donner une haute opinion de notre humanité.

A midi, l'ennemi ne faisait aucune démonstration d'attaque, j'ordonnai la retraite pour regagner Msullen, où je comptais faire bivouaquer la division. A peine notre mouvement fut-il prononcé, que les Arabes se présentèrent de nouveau avec audace. Toutefois, déconcertés par notre marche lente, et par les haltes fréquentes que nous faisions pour les combattre avec plus d'avantages, et pour laisser à l'artillerie le temps de les foudroyer, ils ralentirent sensiblement leur attaque.

Cependant un grand nombre des leurs, malgré les pertes énormes en hommes et en chevaux qu'ils avaient déjà éprouvées, suivit jusqu'à la nuit notre arrière-garde, et tenta plusieurs charges qui furent vigoureusement repoussées par le 2e de chasseurs à cheval. L'ennemi ayant alors tout-à-fait disparu, la division continua sa marche vers Msullen. Je renonçai au projet de m'y arrêter, craignant qu'après une journée qui pouvait être comparée aux plus belles du mois de juin en France, le froid et l'humidité de la nuit ne devinssent funestes à nos compagnons d'armes. Je les ramenai donc à Oran, où, après une marche de trente heures, dont treize en combattant, la division arriva à dix heures du soir sans avoir laissé un seul homme en arrière.

Dans cette journée, l'ennemi, sans cesse exposé au feu de mille à douze cents tirailleurs et de douze pièces d'artillerie, éprouva des pertes considérables; les nôtres ne furent que d'un adjudant tué, et quarante deux blessés, dont trois mortellement.

Je rappellerai ici que la différence énorme de nos pertes avec celles de l'ennemi était produite par l'avantage qu'ont toujours des fantassins adroits sur des cavaliers dont les feux sont nécessairement incertains, et qui n'obéissent qu'à leur courage naturel; les attaques des Arabes n'étaient pas assez simultanées pour enlever nos lignes de tirailleurs, soutenues par des réserves de cavalerie et d'infanterie, et les masses des bataillons.

Je citerai ici les noms de ceux qui se firent remarquer dans cette affaire :

MM.

Thevenin, capitaine d'état-major.
Blanchard, chef d'escadron d'artillerie.
Parizet, capitaine, *idem.*
Walsin, lieutenant, *idem.*
Loubet, maréchal-des-logis, *idem.*
Jourgeon, lieutenant du génie.

BATAILLON DE CHASSEURS A PIED D'AFRIQUE.

MM.

Tesson, lieutenant, 1er bataillon d'Afrique.
Arpentaux, caporal, *idem.*

66e DE LIGNE.

MM.

Barthelenny, lieutenant-colonel.
Blondy, capitaine de voltigeurs.
Desmercières, lieutenant.
Laurent, sergent.
Dupont, *idem.*

LÉGION ÉTRANGÈRE

MM.

Cortat, capitaine.
Pigo, lieutenant.
Cogorno, capitaine.

2e DE CHASSEURS.

MM.

Oudinot, colonel.
De Thorigny, chef d'escadron.
Crébassan, capitaine.
De Montauban, *idem*.
Guerre, chirurgien-major.
Guibert, brigadier.

1re COMPAGNIE DES FUSILIERS DE DISCIPLINE.

M. Cousse, capitaine-commandant.

Après ce combat, les nombreux approvisionnements qui arrivèrent dans nos places confirmèrent la remarque que j'avais déjà faite, que les Arabes, soit par crainte de nous mécontenter, ou par l'éloignement des tribus qui interceptaient les communications, étaient plus assidus à nos marchés. Cette circonstance me ferait espérer que tôt au tard les indigènes en viendraient à des relations tout-à-fait pacifiques.

Le désir extrême que j'avais de retirer de Mascara les prisonniers français qui y étaient détenus, me porta à écrire une seconde lettre au bey pour réclamer et offrir en échange ceux que nous avions entre les mains.

Le général Desmichels,

Commandant la division d'Oran,

A Sidi Abd-el-Kader, Ben-Meydin.

6 décembre 1833.

« Je viens pour la seconde fois demander, au nom de l'humanité, la mise en liberté des Français que vous retenez dans les prisons de Mascara, et qui, ainsi que je vous l'ai déjà écrit, ont été victimes d'une infâme perfidie. J'ai retenu de mon côté trois Arabes pris au combat de Tamezouat, ils sont traités avec tous les égards dus à une infortune qu'il ne dépendait pas d'eux d'éviter; ils seront libres dès que vous le voudrez, et ils ne partiront pas d'ici sans recevoir des preuves de la générosité française.

«Je ne chercherai pas aujourd'hui à combattre les faux principes dont vous faites parade dans la lettre que vous m'avez adressée le sixième jour de hiemadistani ; je me bornerai seulement à vous exprimer mon étonnement, de recevoir de votre part des conseils et des avis que je ne vous avais pas demandés et qui m'ont paru peu mesurés.

« Je vous ferai observer en même temps que les Garabas et les Smelhas, dont j'ai eu souvent lieu de me plaindre, n'étaient pas sous ma protection, que je n'accorderai qu'à ceux qui en seront jugés dignes : ceux-ci pourront alors compter qu'elle sera puissante et sacrée.

« Enfin vous terminez cette singulière lettre par une apostrophe qui m'a paru peu convenable. Vous me dites qu'en allant attaquer Habi-Boalem, Kaleffa, les Beni Hamer ou les Hachem, je pourrais à juste titre parler de générosité et mériter les louanges que je revendique pour avoir surpris les Smelhas. J'ai mieux fait que d'aller attaquer des ennemis de si peu d'importance, j'ai su que celui qui se dit le bey et même le sultan de la province (et qui ne pourrait l'être qu'avec l'approbation du roi des Français), revenait de Tlémecen avec ses troupes, je suis allé au-devant de lui dans la plaine de Meletta, et il sait ce qui s'est passé.

« Maintenant nous nous sommes vus, je vous laisse à juger qui de vous ou de moi doit rester maître du pays.

« Cependant vous ne me trouverez jamais sourd à aucun sentiment de générosité, et s'il vous convenait que nous eussions ensemble une entrevue, je suis prêt à y consentir, dans l'espérance que nous pourrions par des traités solennels et sacrés arrêter l'effusion du sang de deux peuples qui sont destinés par les décrets de la providence à vivre sous la même domination, en laissant toutefois à chacun d'eux leurs mœurs et leur religion, qui doivent à jamais être réciproquement respectées. »

Le succès obtenu à Tamezouat nous permettait de compter sur quelque repos, lorsque le 6 janvier, vers huit heures du matin, une petite troupe de cavaliers arabes se présenta sur les hauteurs qui environnent le petit lac Tnet Morcelli; ils s'avancèrent peu à peu en tiraillant avec la grand-garde de cavalerie qu'ils forcèrent de se replier sur le poste de *Darh-Beda*; quelques coups de canon partis de ce point les éloignèrent et bientôt ils disparurent.

A dix heures, un plus grand nombre se montra de nouveau dans la même direction; M. le général Sauzet, en ayant eu l'avis, envoya l'ordre aux escadrons casernés à Kergantha d'aller reconnaître l'ennemi.

Le chef d'escadron de Thorigny, commandant

les escadrons, et qui dirigea cette reconnaissance, la poussa vigoureusement.

Cet officier supérieur, entraîné un peu trop loin par son courage, s'avança jusque sous le gros des Arabes, qu'il estima devoir être de mille à douze cents. Ceux-ci, ne voyant devant eux que cent cinquante chasseurs, les attaquèrent vivement; mais plusieurs charges habilement dirigées et bien exécutées les arrêtèrent, et leur firent perdre plusieurs hommes, dont un chef, le nommé Kaddour-Tubben, le même qui avait fait tomber dans une embuscade l'escorte qui lui avait été accordée à Arzew.

Sur ces entrefaites, le colonel Oudinot, ayant devancé les trois autres escadrons de son régiment qui avaient reçu l'ordre de monter à cheval, arriva sur le terrain du combat : en voyant cette multitude de cavaliers qui cherchaient à envelopper les escadrons qui combattaient avec une grande résolution, il jugea prudent d'ordonner sur le champ la retraite, qui se fit d'abord en très-bon ordre; lorsqu'une partie de ces hommes, qui jusque là avaient combattu si bravement, se retirèrent avec trop de précipitation, et abandonnèrent aux Arabes, qui les serraient de près, l'avantage qu'ils avaient eu jusqu'à ce moment sur eux; mais la vue de l'infanterie que j'avais fait marcher pour soutenir la cavalerie, fit prendre à l'ennemi le parti de se retirer.

Cette rencontre, qui donna lieu à de grands traits de courage, nous coûta néanmoins un officier et seize chasseurs, dont les corps furent portés du champ du combat dans une tombe auprès de Darh-Beda, et reçurent les honneurs mérités par une mort glorieuse.

On distingua dans ce combat :

MM.
Grattepain, capitaine.
Rousseau, lieutenant.
Savaresse, maréchal-des-logis chef.
David, maréchal-des-logis.
Reind, brigadier.
Hussel, chasseur.
Greffe, *idem*.

Ces deux derniers firent preuve d'un héroïque dévouement. Greffe, au milieu de la mêlée, mit pied à terre pour donner son cheval à son capitaine démonté, et fut obligé, étant grièvement blessé, de se retirer à pied; Hussel mit sur son cheval un officier blessé, et le défendit au péril de sa vie.

FIN DE LA PREMIÈRE PARTIE.

DEUXIÈME PARTIE.

ÉVÉNEMENTS POLITIQUES SURVENUS PENDANT LA PAIX.

CHAPITRE PREMIER.

Nécessité de traiter de la paix avec un homme du pays, je jette les yeux sur Abd-el-Kader.— Qualités personnelles de cet émir. — Convocation des principaux chefs de la province de Mascara. — Lettres à Abd-el-Kader et ses réponses. — Envoi de l'aga Ben-Harrasch pour demander les conditions de paix.

Le combat de cavalerie du 6 janvier, quoique moins heureux que les précédents, ne pouvait plus exercer une influence fâcheuse sur les progrès de toute nature qui s'opéraient dans la division, ni porter la moindre atteinte à l'ascendant que nous avions pris sur les Arabes, par suite de nos divers avantages.

Plus que jamais j'étais persuadé qu'il fallait, pour arriver au résultat que je me proposais, nous appuyer sur un homme du pays, supérieur aux autres par son influence et par sa réputation.

J'avais d'abord essayé de gagner des chefs de tribu en flattant leur ambition ; j'espérais qu'ayant entre les mains un instrument de ma politique, et le dirigeant à mon gré, je pourrais sûrement combattre les Arabes par eux-mêmes; mais ces rapprochements isolés n'auraient point mis fin à la guerre, parce qu'aucun de ces chefs n'eût été ni assez fort, ni assez déterminé pour braver le mécontentement fanatique des autres. La guerre intérieure se serait maintenue entre eux, sans atténuer une haine vivace qui les aurait toujours portés à se réunir contre nous, à la première occasion favorable.

Abd-el-Kader était le seul homme sur lequel je pusse jeter les yeux pour accomplir mon plan de pacification; son esprit élevé, son énergie, sa grande influence, qu'il exerçait sur les Arabes par sa naissance, par le respect dont il était entouré en sa qualité de marabout, et par la vénération attachée au nom de son père, tout en lui répondait à mes desseins.

Il ne s'agissait que de trouver une circonstance favorable pour commencer, sous un motif plausible, des négociations dont les préliminaires seuls étaient embarrassants.

Je ne doutais pas que, cédant à l'impulsion d'une âme ardente et généreuse, il n'embrassât vivement une combinaison politique qui lui ouvrirait une vaste carrière, et que, se confiant à la modération et à la loyauté dont j'avais donné de constantes preuves, il ne s'associât à toutes mes intentions.

Dans la seconde lettre que je lui écrivis pour réclamer la remise des prisonniers, je lui avais déjà proposé de mettre fin aux hostilités et de se soumettre à la domination de la Francc; mais cette lettre restant sans réponse, je commençais à craindre de ne pouvoir arriver à mon but; lorsque les émissaires que j'avais à *Mascara* m'annoncèrent que le bey venait de convoquer les principaux chefs et marabouts de la province; que, dans cette réunion, il leur avait exposé l'inégalité de la lutte qu'ils soutenaient contre nous, les désastres qui en avaient été la suite, et la nécessité pour eux de faire la paix avec un ennemi toujours vainqueur et contre lequel leurs plus grands efforts avaient été vains.

Si Abd-el-Kader ne se fût pas adressé à des hommes fatigués d'une guerre malheureuse et dont un intérêt pressant modérait les sentiments fanatiques, il eût été dangereux pour lui de tenir un tel langage, et d'attaquer ouvertement le pacte d'hostilités contracté contre nous, entre toutes les tribus de la province. D'ailleurs un pareil langage ne pouvait être suspect dans la bouche d'un chef qui avait donné tant de preuves de courage et même d'acharnement, depuis le commencement de la guerre. Il dit aux chefs qui l'entouraient, qu'il fallait non-seulement accueillir les propositions de paix que je pourrais leur faire ; mais encore saisir le prétexte le plus prochain pour l'ouverture des négociations. Il fut donc convenu que l'aga Maôloud-Ben-Harrasch écrirait à son ami Mardoukaï-Amar à Oran, pour l'inviter à se présenter chez moi, afin de m'engager à écrire de nouveau au bey, relativement aux prisonniers, en me donnant l'assurance que cette fois il me serait fait une réponse satisfaisante.

Je vis dans cette première ouverture un pronostic des événements qui se sont succédé depuis, et je me réjouis en même temps du retour des prisonniers que je croyais perdus pour nous.

Je m'empressai d'aller au-devant des circonstances heureuses qui se présentaient, et d'en tirer tout le parti possible. J'écrivis à Abd-el-Kader la lettre suivante, pour lui prouver de nouveau combien je désirais la paix.

LE GÉNÉRAL DESMICHELS,

Commandant la division d'Oran,

AU BEY ABD-EL-KADER.

« N'ayant pas reçu de réponse à la lettre que je vous ai adressée il y a environ un mois, je dois supposer qu'elle ne vous est pas parvenue, au lieu de penser que vous n'avez pas voulu vous occuper de mes propositions. Je me décide donc à vous renouveler, pour la troisième fois, celle qui a pour objet la mise en liberté des prisonniers français qui sont en votre pouvoir.

« M. le colonel commandant les troupes à Mostaganem s'est déterminé dans le même but à faire arrêter trois principaux chefs de la tribu des *Cherfas*, qui venaient réclamer la liberté d'un Arabe, de celle de *Scharagas*, pour être offerts en échange des Français prisonniers.

« Cette mesure violente que repoussent nos mœurs et notre civilisation, n'aurait sans doute pas eu lieu sans l'opiniâtreté que vous mettez à conserver dans les fers des soldats qui n'ont pas été pris sur un champ de bataille, mais qui sont tombés par la plus noire des perfidies dans un infâme *guet-apens*. Quel que soit, d'ailleurs, le parti que vous preniez, je ne donne pas moins l'ordre aujourd'hui de mettre en liberté les *Smelhas* pris à *Tamezouat*.

« Déplorant aussi vivement que vous les maux auxquels sont en proie les malheureux habitants de la province, je vous ai proposé une entrevue pour les faire cesser, et pour établir entre les Français et les Arabes des relations amicales qui doivent exister, ainsi que je vous l'ai déjà dit, entre deux peuples destinés à vivre sous la même domination.

« Je crois devoir vous rappeler que la France est la plus puissante nation du monde, et que ce serait un grand aveuglement de votre part, que de vouloir vous soutenir dans l'état de rébellion où vous êtes.

« Si je suis assez fort aujourd'hui pour vous vaincre sans le concours des troupes que j'attends, que deviendrez-vous lorsque la France, fatiguée de sa longanimité pour les Arabes, aura envoyé ici les renforts qu'elle me destine?

« Vous seriez alors pressés, dispersés par ses guerriers, aussi violemment que le sable emporté par le grand vent du désert. Il ne vous reste donc rien de mieux à faire, si vous voulez vous maintenir au rang élevé où les circonstances vous ont placé, que de vous rendre à mon invitation; afin qu'à l'ombre des traités que nous cimenterons fortement entre nous, les tribus puissent se livrer à la culture de leurs champs fertiles, et jouir, dans les douceurs de la paix, de tous les avantages qu'un grand peuple leur offre. »

Peu de jours après, un de ses cavaliers m'apporta sa réponse, qui ne me laissait plus le moindre doute sur son désir de la paix. Je la tracerai ci-après, ainsi que celle que je fis, parce qu'elles sont utiles à l'histoire des négociations.

LETTRE

D'ABD-EL-KADER AU GÉNÉRAL DESMICHELS,

En réponse à une lettre en date du 27 décembre 1833.

« Nous avons reçu votre lettre renfermant des « conseils, les meilleurs qui puissent se donner, « et qu'on ne peut combattre; nous les avons « appréciés et mis à profit.

« Vous persistez, dans les trois lettres que

« nous avons reçues de vous, à demander la
» délivrance des prisonniers dont vous déplorez
« l'esclavage ; ces hommes, dont nous avons le
« plus grand soin, ne sont pour nous d'aucune
« importance, mais l'état de choses où nous étions,
« et le peu d'espérances que nous avions de le
« voir cesser, ne nous permettaient point de con-
« sentir à les rendre sans rançon : si vous désirez
« un arrangement entre les Français et les Ara-
« bes, j'adhérerai à votre demande concernant
« les prisonniers, lorsqu'un traité mutuellement
« consenti aura fait cesser les ravages du sabre.
« Nous vous ferons observer que notre religion,
« qui nous défend de demander la paix, nous
« permet de l'accepter quand elle nous est pro-
« posée; car Dieu dit, dans le livre saint : *Ne
« vous reposez qu'après la victoire; je suis
« toujours avec vous.*

« La confiance que vos lettres nous ont ins-
« pirée a été un motif puissant pour nous déter-
« miner à traiter avec vous. Il est dit aussi, dans
« le livre saint : *Si on ne vous propose pas la
« paix, ne la cherchez pas, car c'est Dieu qui
« règle tout, et si la paix est violée, confiez-
« vous en lui, il maintiendra votre union et
« protégera vos armes.*

« Vous demandez une entrevue pour traiter,

« mais elle doit être subordonnée à des conditions « qu'il faut connaître, et qui, une fois acceptées, « doivent être sacrées pour tous, quand même il « n'existerait plus qu'un seul d'entre nous ; car le « Très-Haut a dit : *Quand vous avez formé une « alliance, vous devez y rester fidèles, et s'il « arrivait qu'un musulman, prisonnier des « chrétiens, reçût la liberté sur parole, il ne « pourrait s'en aller sans lenr permission.*

« Pour conduire à une bonne fin l'arrange« ment projeté, il est nécessaire que vous me fas« siez connaître vos conditions, et ce que vous « désirez de moi. Je vous soumettrai les miennes, « et Dieu nous sera en aide. Vous vantez la puis« sance de la France, et vous dépréciez la nôtre ; « cependant les siècles attestent la puissance mu« sulmane qui a toujours obtenu la victoire sur « ses ennemis. Si nous sommes faibles à l'exté« rieur, notre force est en Dieu ; car il a dit : *Votre « force est dans votre faiblesse même ; con« fiez-vous en moi, et vous réussirez dans toutes « vos actions ; observez votre religion, la vic« toire vous sera assurée, et si les forces vous « manquaient, vous les trouveriez dans vos « croyances.* Nous ne prétendons pas à une « victoire constante, la guerre a ses chances ; « aujourd'hui pour vous, demain pour nous.

« La mort est pour nous un sujet de joie; « nous ne regrettons pas le passé, nous n'avons « d'autre appui que nos armes et nos chevaux, le « sifflement des balles a plus de prix pour nous « que l'eau fraîche pour celui que la soif dévore, « et le hennissement des chevaux nous séduit « plus que le charme d'une voix mélodieuse. « Revenons à notre sujet. Si nous étions tout-à- « fait décidés à établir entre nous des rapports « durables d'amitié, mandez-nous-le afin que nous « puissions envoyer vers vous deux grands per- « sonnages investis de notre confiance, qui après « avoir conféré avec Amar, traiteraient avec vous « de nos intérêts communs; ainsi s'accompliraient « nos vœux avec l'aide de Dieu. Mais si nous étions « obligés d'abandonner le pays, nous le ferions « sans regret, car le terrain est à Dieu, et il nous « en a donné l'héritage, et dans quelque lieu que « nous allions au levant ou au couchant, dans un « désert, nous trouverons partout notre nation.

« Vous paraissez dédaigner les forces des « Arabes, et cependant nous sommes toujours « prêts à combattre; compulsez l'histoire, et « vous verrez ce qui s'est passé en Asie, dans les « environs de Damas (1).

«De la 8e nuit du rhamadan, l'an 1249 (2 janvier 1834).

(1) Abd-el-Kader fait allusion au siége de Saint-Jean d'Acre

« Je vous fais mes excuses de n'avoir pas ré-
« pondu à votre précédente lettre, j'étais très-
« occupé quand elle m'a été remise, et lorsque
« j'ai pu faire une réponse, votre envoyé avait
« quitté Mascara. »

RÉPONSE

A LA LETTRE D'ABD-EL-KADER.

LE GÉNÉRAL DESMICHELS A ABD-EL-KADER.

6 janvier.

« J'ai reçu la lettre que vous m'avez écrite la 8e nuit du rhamadan, et je m'empresse de répondre à son contenu. Après avoir cité quelques passages du livre saint qui vous défend de demander la paix, et de ne l'accepter que si elle vous est proposée, qui vous recommande ensuite l'observance religieuse des traités, vous mani-

---

par le général Bonaparte, ou aux brillantes victoires que remportèrent en Syrie les premiers successeurs du prophète.

festez l'intention d'envoyer ici deux grands personnages investis de votre confiance, pour traiter avec moi de nos intérêts communs. Ils seront reçus avec tous les égards dus à leur haute position et à leur caractère; mais je ne puis m'empêcher de vous faire connaître qu'il m'eût été plus agréable de m'occuper directement avec vous d'une affaire de si haute importance, afin d'aplanir plus promptement toutes les difficultés qui pourraient s'élever.

« Toutefois, je me plais à croire qu'aucun motif de méfiance ne vous a porté à éluder l'entrevue que je vous avais proposée. La loyauté, la bonne foi de tous mes actes, le respect que j'ai eu dès mon arrivée ici pour la religion musulmane, et la protection que j'ai toujours accordée aux Arabes, vous auront sans doute tranquillisé sur ce point. Je dois donc supposer que ce sont des causes étrangères à l'établissement des rapports d'amitié que je vous avais offerts, qui vous empêchent de venir à cette entrevue.

« Je rends trop de justice à votre haute sagesse, à votre prudence et à la valeur des Arabes, pour avoir dédaigné vos forces; dans mes lettres, je n'ai cherché qu'à vous faire comprendre que la France était la première puissance du monde; que toute résistance pour vous soustraire à une domination que Dieu a voulue, serait vaine, et ne servirait qu'à faire couler des torrents de sang. C'est pour éviter d'aussi grands malheurs que je vous ai fait des ouvertures de paix, afin qu'à l'aide du Tout-Puissant elle fut établie sur des bases solides et durables.

« Je n'ai pas oublié que souvent en Asie et dans les environs de Damas la victoire se rangea sous les bannières du croissant; je sais aussi que les Arabes furent maîtres d'une partie de l'Europe, et que le long séjour qu'ils y firent ne fut pas sans gloire ; mais vous n'ignorez pas que les Français sont les plus anciens et les meilleurs amis des musulmans, et que jamais la différence de religion et de mœurs n'a été un sujet de désunion ni de haine entre eux. J'espère donc que dans ce pays soumis à la France par droit de conquête, une amitié durable unira les Français et les Arabes ; et qu'il vous sera aussi doux qu'à moi de coopérer à une œuvre agréable à Dieu, et nécessaire au bonheur de tous. »

L'empressement d'Abd-el-Kader à traiter avec nous se manifesta par la lettre qui suit :

ABD-EL-KADER,

Prince des Fidèles, etc.,

AU GÉNÉRAL DESMICHELS, etc.

« J'ai reçu votre lettre et j'en ai compris le « contenu; j'ai vu avec satisfaction que vos in- « tentions étaient les mêmes que les miennes; je « suis convaincu que les sages conseils que vous « m'avez donnés ont pour objet de faire cesser les « hostilités entre les deux peuples; j'y ai trouvé « en même temps la certitude de votre loyauté. « Soyez assuré que tous les arrangements que « nous prendrons ensemble seront observés par « moi avec une religieuse fidélité.

« J'envoie à cet effet auprès de vous deux « grands personnages de notre armée, *Maôloud-* « *Ben-Harrasch* et *Califfa-Ouled-Mamond*; « ils conféreront en-dehors d'Oran avec Mar- « doukaï, et lui feront connaître mes proposi- « tions. Si elles sont acceptées par vous, vous « pouvez les envoyer ensuite près de nous, pour « qu'elles soient rédigées en forme de traité, afin « de faire cesser au plus tôt la haine et l'inimitié « qui nous divisent pour faire place à la bonne

« harmonie qui doit régner entre nous. Vous « pouvez compter sur moi, car je n'ai jamais « manqué à la foi promise.

« A l'aide de Dieu nous terminerons cette af- « faire à l'avantage de tous. Nous n'ignorons pas « la puissance de la France, et nous savons que « la victoire accompagne ses guerriers, qui se « montrent partout forts et vaillants, et que, « semblables à des lions, ils se précipitent avec « autant d'audace et de courage qu'eux sur « leurs ennemis. »

Cette lettre me fut apportée par les personnages qui y sont désignés, et ils ne voulurent pas, malgré mes invitations pressantes, enfreindre l'ordre qui leur avait été donné par le bey de ne pas entrer dans Oran; ils s'établirent à une demi-lieue de ses murailles.

Je leur fis porter des tentes et des rafraîchissements. Amar s'y rendit aussitôt pour conférer avec eux.

Si j'eusse été moins convaincu que je ne pouvais remplir complètement la mission qui m'était confiée qu'en parvenant à la paix, j'aurais continué la guerre qui, avec des soldats aguerris, ne me laissait même plus à redouter l'incertitude des combats.

J'aurais donc pu me borner à envoyer d'Oran les bulletins de nos succès militaires; mais il me fallait des avantages plus grands, plus réels, et quelque doux qu'il eût été pour moi de faire connaître au pays les actions courageuses de ses soldats, je devais préférer la paix, parce qu'elle est la première condition de prospérité des peuples, et qu'elle assurait bien plus solidement la domination de la France qu'une guerre inutile et sans profit.

En conséquence, j'appelai auprès de moi les principales autorités civiles et militaires de la division pour rédiger un projet de traité de paix, qui fut résumé dans les dispositions suivantes :

1° Soumission des Arabes à la France sans restriction ;

2° La liberté du commerce pleine et entière ;

3° La remise immédiate des prisonniers.

De notre côté, nous promettions respect et protection à la religion, aux mœurs et aux propriétés des Arabes.

Ces conditions furent portées aux envoyés du bey par M. le sous-intendant civil de la province, et par le chef d'état-major de la division, accompagnés de deux officiers d'ordonnance; elles étaient renfermées ainsi que la lettre d'envoi qui suit dans un portefeuille élégant que j'offris à Abd-el-Kader.

LE GÉNÉRAL DESMICHELS,

A L'ÉMIR (1) ABD-EL-KADER.

« J'ai reçu avec la plus vive satisfaction la lettre que vous avez confiée à Maoloud-Ben-Harrasch et à Califfa-Ben-Mamond; elle m'a confirmé la pureté de vos intentions, qui, comme les miennes, n'ont d'autre but que de faire cesser les hostilités et d'unir, par une amitié franche et durable, deux peuples qui ont déjà appris à s'estimer sur le champ de bataille, et qui sauront observer religieusement les conditions d'un traité.

« Je regrette que les instructions que vous avez données aux deux personnages distingués que vous m'avez adressés ne m'ayent pas permis de les voir et de leur dire toute l'importance que

(1) Ne sachant pas si le roi voudrait conserver le titre de bey à Abd-el-Kader, je cessai de m'en servir dans les protocoles; je lui donnai, en attendant, celui d'émir (ou prince), auquel il avait droit par sa naissance et qui, plus tard, fut agréé par sa majesté.

j'attache à leur honorable mission ; mais j'espère qu'ils reviendront bientôt avec de nouvelles assurances pacifiques de votre part.

« Vous pouvez compter sur mon désir de contribuer, avec vous, au bonheur de la province d'Oran.

« Je renferme cette lettre, avec les principales conditions de la paix, dans un de mes portefeuilles, que je vous prie de recevoir comme un premier témoignage de mon amitié. »

Dix jours après, l'émir me répondit ce qui suit :

ABD-EL-KADER, etc.,

AU GÉNÉRAL DESMICHELS, etc.

« J'ai reçu le portefeuille que vous m'avez
« envoyé par mon ami Maôloud-Ben-Harrasch,
« qui renfermait votre lettre et les principales
« conditions de la paix ; j'ai été très-satisfait de
« son contenu.

« Vos intentions pleines de justice et de bonté,
« l'accueil que vous avez fait aux deux personna-
« ges que je vous ai adressés, en envoyant à leur

« rencontre vos principaux officiers, m'ont causé « une véritable joie.

« J'étais assuré d'avance de la générosité d'un « homme tel que vous, qui non-seulement sait « bien conduire les affaires, mais qui tient en- « core à sa parole.

« Je reconnais en vous toute l'habileté néces- « saire à un grand chef, et j'apprécie toutes vos « qualités, comme les intentions bienveillantes « que vous avez pour les Arabes, en leur accor- « dant la paix, que j'accepte comme étant indis- « pensable au bonheur des deux peuples.

« Soyez bien persuadé que désormais vous me « trouverez toujours disposé à faire tout ce qui « pourra vous être agréable, et que j'observe- « rai avec une fidélité religieuse le traité d'al- « liance; que vous trouverez enfin en moi plus « de respect et d'amitié que vous ne pouvez le « croire.

« Bientôt, s'il plaît à Dieu, je retournerai « vers l'Habra, d'où je vous enverrai un cavalier « pour conduire auprès de moi Mardoukaï, chargé « de m'apporter vos conditions définitives, que « je m'empresserai d'approuver. Alors la paix, « avec l'aide de Dieu, sera bien établie entre nous.

« Le premier jour de schwali, l'an 1249. »

CHAPITRE II.

Marche rapide des négociations. — Projet de traité soumis à l'approbation d'Abd-el-Kader.— Retour de nos envoyés avec l'aga et trois grands officiers, ils ramènent les prisonniers.—L'aga et sa suite se rendent au quartier général. — Séance pour la conclusion définitive du traité. — Fêtes à cette occasion. — M. de Thorigny envoyé au camp de l'émir pour lui offrir des armes.

L'activité de notre correspondance me présageait la conclusion prochaine du traité. En effet, Abd-el-Kader, ayant pris un parti de si haute importance, devait en hâter l'exécution, afin de ne pas laisser à quelques marabouts fanatiques, qui s'opposaient à la paix, le temps d'entraver ses desseins.

Au lieu de m'envoyer un cavalier, ainsi qu'il me l'annonçait dans sa lettre, pour conduire Mardoukaï à son camp, il préféra charger de ce soin l'aga Ben-Harrasch, qui, cette fois, entra dans la ville, où il fut reçu avec tous les égards dus à son double caractère. A son départ, je jugeai convenable de le faire accompagner jusqu'à l'Habra par M. le chef d'escadron Abdalla d'Asbonne, qui, venu d'Égypte avec notre armée, avait gagné, dans la garde impériale, le grade dont il était revêtu, et qui connaissait parfaitement la langue arabe, par M. Busnach, qui avait été employé par M. le maréchal Clausel à des négociations politiques, et par le sieur Mardoukaï, qui jouissait tout à la fois de la confiance de l'émir et de celle de l'aga.

Ils étaient chargés de présenter le projet de traité à Abd-el-Kader, de lui offrir un fusil richement garni à l'orientale, et de lui remettre la lettre qui suit :

LE GÉNÉRAL DESMICHELS, etc.,

A L'ÉMIR ABD-EL-KADER, etc.

« Je vous envoie plus régulièrement établi le projet de traité de paix qui doit assurer le bonheur de la province, et qui sera pour vous et pour moi un gage solennel de l'amitié qui va nous unir.

« La franchise et le dévouement que Ben-Harrasch vous porte, et ses bonnes manières lui ont acquis mon estime et mon affection. Je ne vous parle pas de l'accueil qu'il a reçu ici de ma part; je lui en laisse le soin. Je me bornerai à vous dire que je m'estime heureux d'attacher mon nom à une pacification dont vous devez apprécier comme moi tous les avantages.

« Vous remarquerez sans doute que les conditions de ce traité sont égales pour vous et pour nous, et qu'elles ne sont que le témoignage de la droiture d'un arrangement fait dans l'intérêt de deux peuples qui ne se considéreront plus à l'avenir que comme des frères, que Dieu veut unir en leur laissant la pleine et entière liberté de leurs croyances.

« Le sieur Mardoukaï, qui a votre confiance, et M. Busnach, qui a également la mienne, accompagneront Maôloud-Ben-Harrasch. Je me suis décidé à vous envoyer, en outre, M. Abdalla, officier supérieur de notre armée, qui, parlant l'arabe, pourra répondre aux questions que vous voudrez lui adresser. »

Le 25 février, nos envoyés revinrent accompagnés de l'aga Ben-Harrasch, de Kaleffa-Ben-Mamond, de Caïd-Ben-Daout et d'Hadjy-Abd-el-Kader, chefs de tribus, suivis d'une centaine de leurs meilleurs cavaliers.

L'émir voulant me donner une première preuve de sa bonne foi et de la confiance qu'il avait en moi, me renvoya en même temps les prisonniers détenus depuis le mois d'octobre 1833 dans les prisons de Mascara, et chargea Ben-Harrash de me dire qu'il y avait encore à Mascara trois déserteurs qui appartenaient à la division d'Alger, mais que ces hommes s'étaient faits musulmans, et ne voulaient plus revenir parmi nous.

Ainsi il s'était déjà opéré chez ce peuple une révolution morale qui les portait à nous donner soudainement des preuves de douceur et d'humanité.

Ce fut un touchant spectacle que la joie que firent éclater les soldats à la vue de leurs camarades qu'ils désespéraient de revoir. Toute la population de la ville, avertie de l'arrivée des envoyés par le canon du poste de Darh-Béda, s'était portée à leur rencontre. Il y eut un instant d'enthousiasme qui eut son retentissement dans tous les cœurs.

Dans cette circonstance, comme dans toutes celles qui firent naître nos premières relations, les Arabes déployèrent cette finesse d'intelligence qui les distingue éminemment. Je reconnus en même temps l'inexactitude de l'opinion générale, qui nous représente ce peuple comme cruel et sans foi.

Les chefs arabes au-devant desquels j'avais

envoyé les officiers de mon état-major, avec un peloton du 2e de chasseurs et la musique de ce régiment, firent leur entrée dans la ville au milieu d'une foule considérable de soldats et d'habitants qui les accompagnèrent jusqu'au château neuf où ils vinrent mettre pied à terre.

Voulant recevoir les Arabes dans une audience qui fût, autant que possible, solennelle et publique, j'avais réuni les principaux fonctionnaires civils et militaires pour y assister.

Ces chefs étaient chargés par l'émir de m'offrir quatre chevaux, et de me remettre la lettre dont je transcris ici la traduction.

L'ÉMIR ABD-EL-KADER

AU GÉNÉRAL DESMICHELS.

« Nous avons reçu votre lettre et le traité
« qui doit établir la paix et le bonheur entre les
« deux armées; nous ne doutons pas que vos
« intentions ne soient aussi pures que les nôtres,
« et que les haines que la guerre avait excitées
« entre nous ne se renouvellent plus.

« D'après ce que nous a rapporté notre ami
« Ben-Harrasch, nous sommes autant convaincus

« de votre franchise et de votre habileté, que « nous l'étions déjà de votre loyauté et de votre « valeur.

« Nous avons reconnu dans les personnages « que vous nous avez envoyés la sagacité de « votre choix ; leurs lumières, leurs pensées « conciliantes nous ont paru aussi convenables « à votre dignité qu'à la nôtre.

« Vous nous dites que les conditions de ce trai- « té sont également avantageuses aux deux peu- « ples, cependant il nous a semblé qu'elles étaient « entièrement dans vos intérêts ; mais nous nous « confions dans votre bonté pour l'avenir. Vous « êtes le chef de l'armée, nous espérons que vos « actions seront d'accord avec vos promesses, « comme nous avons tenu nous-mêmes tout ce « que nous avions promis.

« En reconnaissant la puissance de la France, « nous ne doutons pas de sa générosité à notre « égard, et nous espérons qu'elle nous mettra « à même de nous soutenir au rang que nous « occupons. Nous sommes né d'une famille « de princes qui a jadis régné dans ce pays.

« Nous vous renvoyons notre bien aimé Maô- « loud-Ben-Harrasch, qui, habitué à traiter avec « les grands, est chargé de prendre nos intérêts

« auprès de vous et de conclure ce qui paraîtra « convenable.

« Nous vous remercions de l'offre que vous « nous avez faite de nous fournir des armes et « des munitions de guerre pour combattre nos « ennemis communs ; nous acceptons le don des « fusils que vous nous avez fait, d'abord comme « un gage d'amitié; mais ce don ne pouvant « suffire à nos besoins, nous nous réservons « de nous en procurer plus tard à nos frais, et « nous vous demandons d'être autorisés à en « acheter.

« Nous serions heureux si, de notre côté, nous « pouvions avoir dans notre pays quelque chose « qui vous fût agréable.

« Nous espérons que les négociants français « nous apporteront ici tout ce qui pourra, dans « tous les temps, nous être nécessaire.

« Notre envoyé Sidi-Maôloud vous demanda « la remise de Mostaganem, et dans votre lettre « il n'en a pas été question; l'occupation de « cette ville ne peut vous être utile, et ne peut « convenir qu'aux Arabes, qui vous conserve- « raient une grande reconnaissance, si elle leur « était rendue.

« Toutes les tribus de la province d'Alger me « reconnaissent déjà pour leur bey; nous vous

« prions, en conséquence, d'écrire au général en « chef de cesser les hostilités avec elles, nous réser- « vant de punir tous les délits qui pourraient être « commis envers les Français, et nous rendant « responsables de tous les torts qui pourraient « leur être faits.

« En nous soumettant au roi des Français, « nous désirons que la paix règne dans tous les « pays que les Français occupent en Afrique. Nous « désirons aussi que le sceau royal soit apposé, « pour confirmer la paix, au traité fait entre « nous.

« Mardoukaï, qui jouit de notre confiance, nous « a fait part de votre intention de renvoyer Hadji- « Mustapha (1) à Tlemecen. Nous nous empres- « sons de lui envoyer un sauf-conduit pour cette « destination, en même temps que nous lui don- « nons l'assurance de notre bienveillance. »

Cette lettre était aussi explicite que possible; l'émir acceptait la paix dans les termes les plus convenables, et se soumettait à la domination

---

(1) Hadji-Mustapha, fils du bey Osman, avait été invité par M. le général Boyer à se rendre à Oran, où je le trouvai à mon arrivée; son défaut d'énergie et son incapacité le rendaient impropre à toute combinaison politique.

de la France; il ne s'agissait plus que d'établir, avec son fondé de pouvoirs, un acte régulier, authentique, qui fixât irrévocablement sa position. Je l'invitai à se rendre le lendemain à la séance du conseil ordinaire de consultation.

La lettre du bey contenait trois demandes très-distinctes et très-importantes, sur lesquelles il était nécessaire de se prononcer immédiatement, pour ne pas lui laisser concevoir inutilement des espérances qui ne convenaient en aucune manière à notre politique.

Les efforts qu'il avait faits pour reprendre Mostaganem, et les instances avec lesquelles il demandait la remise de cette place, étaient des preuves de l'importance qu'il attachait à sa possession.

Mostaganem, en effet, est la clé de la province du côté de l'est, le marché des riches tribus du scheltiff, et un centre d'opérations militaires qui menace Mascara, et de plus un port d'approvisionnement qui peut attirer le commerce de la partie la plus riche de la province. Ces considérations, et les travaux de dépense et d'établissements intérieurs qui avaient été exécutés, rendaient inadmissible la demande d'Abd-el-Kader; j'en fis comprendre l'inutilité à ses envoyés.

La question de sa prépondérance sur les

Arabes de la province d'Alger, et l'offre qu'il me faisait de les lier par un même traité, embrassant un complément d'opérations politiques en dehors de mes attributions, je les soumis à la décision de M. le ministre de la guerre; ne lui laissant rien ignorer sur la position et les moyens d'un chef qui s'offrait pour pacifier les deux autres provinces.

Abd-el-Kader eût sans doute réussi dans cette entreprise; ses qualités personnelles et sa grande réputation lui assuraient, sur les tribus les plus éloignées, une influence qui eût été doublée par notre appui.

Nous fûmes d'accord sur l'autorisation qu'il sollicitait pour acheter des munitions de guerre. Les instructions du ministre précisaient même ces achats comme devant figurer dans les clauses d'un traité, à la condition expresse de ne s'adresser qu'aux négociants français.

Le traité de paix fut lû, et chaque article discuté.

L'aga Ben-Harrasch voyant qu'il ne pouvait obtenir la cession de Mostaganem, fit un nouvel effort relativement à Arzew.

Je lui répondis que notre intention était de conserver ces deux places, et que je ne changerais rien au traité qui avait été rédigé.

Ma résolution détermina l'envoyé d'Abd-el-Kader à accepter, au nom de son maître, toutes les conditions du traité qui fut rédigé dans les deux langues, à double original, et revêtu de la signature et du sceau de chacune des parties contractantes. J'en envoyai immédiatement copie au ministre de la guerre, le priant, ainsi que le désirait le contractant, de la soumettre à l'approbation de Sa Majesté. Dans sa rédaction, je ne jugeai pas convenable de faire intervenir le nom du roi dans un traité, avec un chef qui devenait son vassal. En voici le texte :

TRAITÉ DE PAIX.

Le général commandant les troupes françaises dans la province d'Oran, et l'émir Abd-el-Kader, ont arrêté les conditions suivantes :

ART 1er.

« A dater de ce jour, les hostilités entre les Français et les Arabes cesseront.

« Le général commandant les troupes françaises, et l'émir, ne négligeront rien pour faire régner l'union et l'amitié qui doivent exister entre deux peuples que Dieu a destinés à vivre sous la même domination. A cet effet, des représentants de l'émir résideront à Oran, Mostaganem et Arzew. De même que pour prévenir toute collision entre les Français et les Arabes, des officiers français résideront à Mascara.

ART. 2.

« La religion et les usages musulmans seront respectés et protégés.

ART. 3.

« Les prisonniers seront rendus immédiatement de part et d'autre.

ART. 4.

« La liberté du commerce sera pleine et entière.

ART. 5.

« Les militaires de l'armée française qui abandonneraient leurs drapeaux seront ramenés par les Arabes. De même, les malfaiteurs arabes qui, pour se soustraire à un châtiment mérité, fuiraient leurs tribus et viendraient chercher un refuge auprès des Français, seront immédiatement remis aux représentants de l'émir, rési dants dans les trois villes maritimes occupées par les Français.

ART. 6.

« Tout Européen qui serait dans le cas de voyager dans l'intérieur, sera muni d'un passeport visé par le représentant de l'émir à Oran, et approuvé par le général-commandant. »

Le 26 février 1834.

Après cette séance, dont le résultat devait exercer une si grande influence sur les destinées de la province d'Oran, je retins quelques jours auprès de moi l'aga et les chefs qui l'avaient accompagné.

Je ne me contentai pas de leur faire sentir les avantages de notre discipline et de notre tactique militaire; mais voulant les familiariser tout d'abord avec nos mœurs et nos habitudes sociales, je les fis assister à un bal qui eut lieu chez moi. Ils ne parurent nullement étonnés du spectacle nouveau qui leur était offert. L'Arabe a cela d'extraordinaire, que rien ne semble le surprendre; habitué à vivre sous sa tente, et à manger sur ses genoux, il s'asseoit avec aisance et sans étonnement à une table servie à l'européenne, régarde un instant ses voisins, et devient bientôt Européen lui-même. Sa figure mâle n'exprime un sentiment d'admiration que pour les chevaux ou pour des armes brillantes. Homme de guerre, l'appareil seul des combats lui sourit et flatte son esprit chevaleresque.

Je fis ensuite assister les envoyés à un exercice à feu : leurs impressions furent plus vives en se trouvant devant nos troupes; là ils ne purent s'empêcher de manifester quelques sentiments de surprise, produits par l'aspect des mouvements réguliers de nos soldats, ayant sous les yeux, loin des champs de bataille, cette même tactique, ce même ordre de nos opérations militaires qui nous rendent si supérieurs à eux.

Je consultai MM. Abdalla, Busnach et Amar, sur la nature du cadeau que je devais, selon l'habitude orientale, faire à l'émir ; ils me répondirent que rien au monde ne pouvait le flatter davantage qu'un don d'armes et de munitions de guerre; je fis donc préparer, pour cette destination, cent fusils que nous avions trouvés dans les magasins de Caïd-Ibrahim, à Mostaganem, et cinq cent kilog. de poudre. M. le chef d'escadron de Thorigny, et M. de Forges, officier d'ordonnance, furent désignés pour aller les offrir à Abd-el-Kader.

Ils partirent avec les chefs arabes que je congédiai après avoir utilisé, autant que possible, leur séjour à Oran, en les initiant à nos usages.

Comme je savais qu'un des plus grands personnages de Mascara, et auquel l'émir s'intéressait beaucoup, était malade, j'adjoignis à nos officiers M. Collin, chirurgien en chef de l'hôpital militaire d'Oran.

CHAPITRE III.

Accueil fait par l'émir à nos envoyés. — Effet que produisit à Mascara l'envoi des armes. — Lettre de remercîment de l'émir. — Des oukils (ou consuls) sont envoyés à Oran, Arzew et Mostaganem. — Des officiers français en résidence auprès de l'émir. — Les déserteurs de la légion étrangère sont ramenés par les Arabes.

Persuadé que les détails de la réception faite par l'émir aux officiers envoyés auprès de lui intéresseront mes lecteurs, je joins ici le rapport de M. le chef d'escadron de Thorigny :

RAPPORT

DE M. LE CHEF D'ESCADRON DE THORIGNY,

Sur la mission qui lui a été confiée auprès d'Abd-el-Kader, bey de Mascara, par le général Desmichels, commandant la division d'Oran.

« Après une guerre opiniâtre et terrible qui avait duré plus de deux ans, Abd-el-Kader, fils de Meydin, descendant de la dernière famille qui a régné dans ce pays avant l'occupation des Turcs, convaincu de la supériorité des forces françaises et de l'inutilité de ses efforts, venait d'offrir la paix au général Desmichels, et, pour preuve de sa bonne foi, lui avait envoyé plusieurs prisonniers qui languissaient depuis long-temps dans ses cachots. Je fus choisi, après la conclusion de la paix, pour aller complimenter le bey, et lui porter des présents qui lui étaient offerts par le général Desmichels.

« Le 11 mars, je partis d'Oran, avec MM. de Forges, officier d'ordonnance, Busnach, le même qui fut chargé par M. le maréchal Clausel de la reddition d'Oran auprès du bey Assan, et de Mardoukaï-Amar, chef des Israélites. L'aga du bey Maôloud-Ben-Harrasch nous accompagnait avec une trentaine de cavaliers arabes. Après huit heures de marche, nous arrivâmes au camp sur le Syg, et à une certaine distance nous vîmes arriver au-devant de nous plusieurs chefs de tribus, et une escorte d'honneur, chargée de nous mener près du bey. Ma surprise fut grande à l'aspect de ce camp tout guerrier, de cette multitude armée, qui, soumise aux volontés d'un seul, ouvrit ses rangs avec respect devant un soldat français. J'admirais ces figures distinguées, ces tailles colossales, ces formes nerveuses, fruit de la liberté et d'une vie sauvage; j'admirais leurs coursiers obéissant au moindre geste, et prêts comme eux au moindre signal d'alarme à s'élancer dans la plaine, comme souvent ils l'avaient prouvé dans nos combats.

« Arrivés dans la tente du bey, il nous fit asseoir, après nous avoir serré la main qu'il retira aussitôt, pour éviter, par égard pour nous, le baiser d'usage, tandis que nos deux autres compagnons, prosternés à ses pieds, la baisaient avec respect.

« Abd-el-Kader, âgé de vingt-six ans, est un très bel homme, ayant de la dignité et beaucoup de distinction dans ses manières. Il était vêtu comme les Arabes; seulement la couleur de son burnous, qui était d'un vert opaque, donnait de la singularité à son costume; ce que je remarquai principalement, c'était une main digne d'être modelée et dont pourrait se glorifier un petit maître parisien.

« Votre voyage a été heureux, dit Abd-el-Kader, et je m'en réjouis : je répondrai à la lettre de votre général, et je le remercierai de ses riches présents. Je désire avec ardeur que l'alliance qui vient d'être conclue entre nous soit solide et durable. Demain je pars pour Mascara, vous viendrez avec moi; là vous connaîtrez mes projets et mes espérances; votre tente est prête : allez vous reposer des fatigues du voyage.

9.

« Nous nous retirâmes, mais enchantés de partir le lendemain pour Mascara, voyage que le général m'avait autorisé à faire, si le bey offrait de m'y conduire. Curieux de connaître l'intérieur du camp, je le parcourus en tous sens, émerveillé de l'ordre qui y régnait, admirant la force des guerriers et la beauté de leurs chevaux, tous attachés par les pieds, ce qui est cent fois préférable à tous les moyens employés dans nos bivocusa pour attacher les nôtres.

« Le pays était magnifique; le Syg, petite rivière, coulait près du camp, et une plaine immense, couverte de riches moissons et de gras pâturages, nous montrait dans le lointain les innombrables troupeaux des Garabas. Rentrés dans notre tente, nous y trouvâmes un repas abondant, composé de kouskous, et de viandes rôties, accommodées avec des confitures; nous avions pour nous coucher de nombreux tapis et des coussins; tous les chefs vinrent nous y rendre visite.

« Au point du jour, l'ordre du départ fut donné, et le camp fut levé comme par enchantement; toutes les tentes s'abaissèrent en même temps, et furent placées sur les chameaux et les mules. Peu d'instants après, ce convoi était en marche, et en moins d'une demi-heure, la petite armée d'Abd-el-Kader, composée à peu près de 3,000 chevaux, le suivit au son d'une musique guerrière qui nous précédait. Quatre nègres avaient amené le coursier du bey. Il parut monter avec lenteur et nonchalance; mais une fois sur selle il fit bondir son cheval dans la plaine, et le lançant avec rapidité, ou l'arrêtant tout-à-coup, il nous montra que, comme tous les chefs arabes, il était cavalier accompli. Pendant la chaleur du jour, un de ses officiers portait un parasol en drap d'or au-dessus de sa tête, pour le préserver de l'ardeur du soleil, et en signe d'allégresse, de nombreuses salves de mousqueterie se faisaient entendre à l'avant-garde, et se mêlaient aux sons discordants de la musique, qui ne cessa pas de jouer pendant toute la marche. Lorsque le terrain le permettait, les Arabes marchaient sur des files de cinquante à soixante hommes, et de nombreux chiaous, gendarmes du bey, veillaient à ce que l'ordre de la marche ne fût pas troublé. Un Arabe qui, malgré les ordres, se trouva sur notre route, fut à l'instant saisi par eux et grièvement blessé de deux coups de yatagan. Les tribus éloignées furent renvoyées, et bientôt nous ne vîmes plus autour de nous que le contingent de Mascara, entourant les sept étendards d'Abd-el-Kader. La route était égayée par des chanteurs, des danseurs, et même des gladiateurs, qui, armés de petits sabres et de boucliers, nous donnaient un spectacle très-curieux.

« Notre journée de marche fut courte, de cinq heures seulement, et nous remarquâmes avec plaisir que les tentes étaient déjà dressées lorsque nous arrivâmes, et le repas préparé. Nous avions eu un temps magnifique qui nous avait permis de jouir de la beauté du pays que nous parcourions. Quelle source de richesses pour la France! Pendant douze à quinze lieues des terrains cultivés par ces barbares avec un léger soc de bois, qui creuse à peine le sol à deux pouces, le détour de cette mauvaise charrue pour éviter un buisson; des grains jetés au hasard, produisent cependant les plus belles, les plus riches moissons. Les oliviers seuls croissent avec abondance et parviennent à une grosseur extraordinaire : il y en a des forêts immenses; des sites charmants, des vallons cultivés variaient ainsi notre route, lorsque nous parvînmes sur les bords du Oued-el-Hamman, rivière plus large que le Syg, et près de laquelle était assis le camp.

« Kalifa, chef de la tribu des Garabas, l'Arabe le plus intrépide et le plus féroce de ces contrées, s'adoucit en notre faveur, et nous accablait de prévenances, enchanté qu'il était de la bonne réception qui lui avait été faite à Oran par le général Desmichels.

« Abd-el-Kader nous reçut avec une grande affabilité, il parut très-content de l'arrivée d'un médecin, M. Collin, envoyé avec nous par le général pour donner des soins à un Arabe malade, auquel s'intéressait vivement le bey; quand je lui parlai d'une entrevue avec le général: Sans doute, dit-il, c'est avec le plus grand désir, et dès que mes affaires me le permettront; je veux que, certain de ma parole, votre chef soit convaincu de ma sincérité, et qu'il comprenne que c'est sur son alliance que je veux établir et appuyer mon pouvoir dans le pays, pour le faire tourner ensuite au profit de cette union.

« A chaque audience, on commence par prendre du café, et on ne fume jamais devant le bey.

« Le lendemain matin, les tentes furent enlevées avec la même rapidité que la veille, et nous nous dirigeâmes vers Mascara, dont le bey était absent depuis quarante deux jours; la route offre ici plus de difficultés, et ne permettrait pas le passage de pièces attelées, ce qui nous fit sentir plus vivement la nécessité de pièces de montagne portées à dos de mulet. Plusieurs montagnes défendent l'approche de Mascara; la dernière, très-élevée et très-escarpée, demande deux heures pour être gravie; au revers nous aperçûmes la ville, ses blanches maisons et ses minarets; elle domine une vaste plaine très-bien cultivée. Quatre coups de canon annoncèrent l'arrivée du bey, et aussitôt toute la population, se précipitant au-devant de nous, salua son sultan des plus vives acclamations. Quatre ou cinq cents cavaliers, arrivant au galop, déchargèrent leurs armes devant le front de notre marche, et vinrent se ranger ensuite à la queue de la colonne; l'entrée se fit au milieu des cris de la multitude, des sons de la musique guerrière, qui redoublait l'ardeur, et de la fusillade des cavaliers qui arrivaient de toutes parts. Nous fûmes installés dans une assez jolie maison appartenant au bey; et là, recueillant mes souvenirs, j'adressai au général Desmichels une petite relation de notre itinéraire; mon premier soin le lendemain fut de parcourir la ville, mais il était difficile de nous frayer un passage dans les rues étroites, où la foule se pressait pour examiner des roumi (chrétiens), comme ils nous appelaient, stupide d'étonnement de voir des officiers français armés, parcourant les rues d'une ville, pure jusqu'alors, selon eux, de toute souillure chrétienne. Les chiaoux nous furent alors d'un grand secours, écartant à coups de bâton les indiscrets qui nous approchaient de trop près.

« La ville me fit l'effet d'un grand couvent où des moines, vêtus de burnous avec des capuchons noirs ou blancs, se croisaient en tous les sens; seulement leur aspect sauvage, leurs yeux brillants annonçaient toute autre chose que des idées monastiques. Elle renferme une population de dix à douze mille âmes. Quelques boutiques tenues par des Maures et des juifs sont assez bien fournies; des cafés et un marché toujours bien approvisionné et fréquenté par les Bédouins de la montagne, sont les seules ressources que puisse offrir la ville. Les femmes arabes sortent peu et seulement pour aller au bain; mais le docteur, notre compagnon, en a vu de fort jolies, entre autres la sœur du bey.

« J'avais le plus grand désir d'examiner en détail les fortifications de la ville; mais les nombreuses visites qui nous furent faites ne m'en laissèrent pas le temps, et je dus m'en rapporter à ce que j'avais vu en passant; quinze pièces de canon défendent la ville, mais la plupart, en mauvais état, ne feraient sans doute feu qu'une fois, au grand préjudice des servants, tant les affûts sont mauvais. Nous avions pu d'ailleurs en juger par les deux pièces de campagne qui avaient suivi dans son expédition l'armée d'Abd-el-Kader; deux mules, attelées à la file l'une de l'autre, les traînent; les roues, très-rapprochées, permettent de passer partout; quatre pièces protègent la maison du bey.

« Notre dernière entrevue avec le bey fut longue et intéressante; il nous adressa de nombreuses questions sur l'état de la France, l'organisation de ses armées, et sur sa religion. Un marabout, témoin de cette entrevue, nous demanda si les prêtres français avaient été consultés pour la conclusion de la paix, et parut fort scandalisé de notre réponse négative. Cette question avait amené un sourire sur les lèvres du bey, des papiers étaient dans sa main. « Tous vos officiers savent-ils lire et écrire?—Oui, sans doute, ai-je répondu, et aussi les sous-officiers et une grande partie des soldats » : il en parut surpris.

« Lui parlant d'une lettre que je venais de recevoir sur des bruits que des fanatiques faisaient courir dans le pays : « J'ai été à la Mecque, dit-il, j'ai vu le tombeau du prophète, et ma parole est sacrée : je compte de même sur celle de votre général, et l'on me dirait aujourd'hui qu'il marche pour me combattre que je ne le croirais pas, et que je m'avancerais sans défiance au-devant de lui. » Charmé de son air de bonne foi et de sincérité, je lui demandai la permission de l'accompagner dans son expédition près de Tlemecen, et il me dit qu'avec le consentement de mon chef il m'emmènerait avec plaisir, et qu'il était reconnaissant de ma confiance.

« Quant aux bruits que quelques chefs jaloux de mon alliance avec les Français cherchent à semer, et qui pourraient me nuire dans l'esprit de votre général, qu'il les méprise ; je connaîtrai les coupables, et ils seront punis.

« Un de mes officiers les plus chers vous accompagnera à Oran, et y séjournera pour veiller aux intérêts des Arabes; c'est un homme riche, influent, et qui saura se faire respecter.

« Une nouvelle désagréable, qui sans doute affligera votre général, m'est parvenue d'Alger; un troupeau français a été enlevé dans la plaine de Métidja par les Arabes; mais bientôt mon glaive pourra réprimer cet abus, et votre gouvernement n'aura plus à se plaindre de semblables désordres. Une autre crainte m'agite aussi; des soldats d'Oran ne craignent pas de s'aventurer fort loin de la ville; un officier a même été vu chassant au-delà du lac. Priez votre général de s'opposer à ces courses, qui pourraient leur devenir fatales; car je ne puis répondre de quelqu'Arabe mal intentionné, et mon chagrin serait vif d'apprendre un malheur que ne pourrait réparer le châtiment le plus sévère. Bientôt vous saurez quel est le pouvoir d'Abd-el-Kader, et avant peu, des tribus, placées sous le canon de votre place, vous répondront de la fidélité des autres, et fourniront abondamment aux besoins de vos marchés.

« Allez, retournez dans vos murailles, et dites à votre général ce que vous aurez vu à votre retour. »

« Ces dernières paroles nous intriguèrent vivement, et je n'en eus la solution que, lorsque sur la route déserte que nous avions parcourue en allant, nous trouvâmes, avec étonnement, de nombreuses tribus établies sous leurs tentes, et faisant paître d'immenses troupeaux. Là nous reconnûmes le pouvoir du bey, qui par sa seule volonté avait fait émigrer ces nombreux Douars, voulant nous surprendre par un changement aussi rapide. Nous fûmes coucher chez nos plus cruels ennemis, les féroces Garabas, dont l'hospitalité touchante et les petits soins, pour ainsi dire, nous firent oublier les anciens actes de cruauté.

« Le lendemain je rentrai à Oran, fier d'être le

premier Français qui eût pénétré dans cette impénétrable Afrique, et heureux d'avoir réussi dans cette mission, dont m'avait honoré la confiance de notre général. »

Le récit de ce voyage, l'accueil fait à nos envoyés, les honneurs qui leur furent rendus, prouvent combien l'émir était satisfait de la paix ; en même temps que l'envoi des armes de guerre et de la poudre était aux yeux des marabouts et des fanatiques une garantie de notre bonne foi.

Il pourrait cependant paraître extraordinaire que, dans nos premiers rapports avec les Arabes, je leur aie envoyé en présent des armes et de la poudre ; je ferai observer que cette démarche fut de ma part très-réfléchie, ainsi que je l'ai déjà dit. Les renseignements donnés par MM. Abdalla, Busnach et Amar, m'avaient appris que, pour être agréable à l'émir et aux Arabes, c'était le seul présent que nous pussions leur faire. D'ailleurs, ce n'était pas une centaine de fusils de plus qui pouvaient nous les faire paraître redoutables ; car nous savions, par expérience, que ce n'était ni par le défaut d'armes, ni par le défaut de poudre, qu'ils avaient été vaincus.

A la dernière audience que l'émir donna aux

officiers, il leur fit remettre à chacun un cheval, et il chargea M. de Thorigny de me porter la lettre suivante :

ABD-EL-KADER, etc.,

AU GÉNÉRAL DESMICHELS, etc.

« Lorsque les officiers que vous avez envoyés « près de nous sont arrivés, nous étions au « moment d'entreprendre une expédition. Nous « l'avons différée, afin de les recevoir comme « ils le méritaient, et nous les avons emmenés « avec nous à Mascara, pour qu'ils s'y reposas- « sent de leurs fatigues.

« Nous avons reçu les armes et la poudre que « vous nous avez envoyées. Que Dieu vous en « récompense. Ce n'est pas l'ambition qui nous « guide, mais bien le désir de posséder votre « amitié.

« Le cadeau que vous nous avez envoyé n'est « qu'une chose superflue. Notre ami Maôloud « Ben-Harrasch nous a fait le récit de tous les « honneurs que vous lui avez rendus. Nous « n'attendions pas moins d'un homme aussi loyal « que vous dans ses promesses.

« J'ai envoyé les lettres pour Alger (1) par « quelques-uns de mes cavaliers, propres à « traiter avec les grands; dès qu'ils seront reve- « nus, je vous enverrai la réponse. »

Les bienfaits de la paix commençaient à se faire sentir dans nos villes; les tribus qui s'en étaient éloignées pour éviter les désastres de la guerre se rapprochèrent, et nos marchés, qui n'étaient approvisionnés que par intervalles, se remplirent d'Arabes qui nous y apportèrent les produits de leurs terres.

Des mesures et des poids, dûment étalonnés, furent placés dans nos marchés; la police des villes veillait à ce que les indigènes n'éprouvassent aucun tort; enfin toutes les précautions furent prises pour éviter toute mésintelligence entre eux et les Européens.

Cependant la monnaie française n'avait pas cours dans l'intérieur du pays, ni même sur nos marchés; celles d'Alger et d'Espagne y étaient seules admises, ce qui donnait lieu à de fréquentes difficultés. Il était dans notre intérêt et dans ce-

(1) Ces lettres portaient à M. le lieutenant-général Voirol la nouvelle de la pacification de la province.

lui du commerce français de changer cet ordre de choses et de donner un cours exclusif à notre monnaie.

C'était, d'ailleurs, une mesure politique qui devait marquer notre domination. Un tarif fut établi et envoyé à l'émir, qui s'empressa de seconder mes vues en envoyant partout des ordres pour qu'à l'avenir notre monnaie eût seule cours dans les transactions comme numéraire, tandis que celle des autres nations ne devait plus être reçue que comme marchandise. Ainsi cette mesure fit cesser le bénéfice énorme que faisaient les agioteurs sur ce trafic.

Abd-el-Kader venait de m'annoncer que les céréales qui n'arrivaient dans nos marchés que pour nos besoins et ceux de la population, allaient y abonder désormais. Cette augmentation de quantité dans les grains, devant nécessairement produire une grande activité de commerce, il était probable que le prix des céréales, au lieu de baisser, deviendrait plus élevé, par suite des demandes continuelles qui en seraient faites.

Cette élévation de prix n'aurait donc été avantageuse qu'aux Arabes ; je crus, en conséquence, devoir établir, de concert avec l'émir, un tarif sur la vente des grains, qui fixait le prix de la fanègue de blé à 4 boudjous, et celui de la même mesure d'orge à 2 boudjous (1).

Cette fixation avait, en outre, l'avantage de diminuer beaucoup les charges du budget de la guerre, en permettant à l'administration militaire, qui, d'abord, eut seule le droit d'acheter, de porter ses approvisionnements à six mois d'avance, ainsi que les instructions ministérielles le prescrivaient. Enfin, le prix des céréales, connu de tous, rendait impossible, dans cette partie du commerce, toute collision entre les Européens et les Arabes. Les clauses du traité recevaient en même temps leur exécution.

L'émir m'annonçait l'envoi de ses représentants à Oran, Mostaganem et Arzew.

Hadji-el-Habib, un des plus grands personnages du pays, et son parent, vint résider auprès de moi, en qualité d'oukil (consul).

De mon côté, j'envoyai pour résider auprès de l'émir, M. le commandant Abdalla. Je lui adjoignis M. de Maligny et M. de Radepont, officiers d'état-major, qui devaient s'occuper de travaux statistiques et géographiques.

---

(1) La fanègue de blé pèse à Oran près de quatre vingts livres; celle d'orge, environ soixante livres; le boudjous vaut 1 fr. 80 cent.

Pendant que nous nous donnions réciproquement des preuves de notre bonne foi, le fanatisme et la jalousie portèrent quelques chefs de tribus à susciter des embarras à Abd-el-Kader. Mais fort de notre alliance, il ne doutait pas qu'il ne parvînt à les surmonter et à éclaircir l'horizon politique qui semblait se rembrunir pour lui.

Ses ennemis, de leur côté, ne restaient pas inactifs, et leur nombre s'augmentait de tous les mécontents de la paix, et des chefs qui voyaient à regret le pouvoir de l'émir se consolider par cette alliance avec les chrétiens, qu'il leur avait enseigné à hair. Cependant la tranquillité régnait encore dans la province, et il était difficile de préciser le moment où la crise pouvait éclater.

La désertion se manifesta à Mostaganem dans le 5e bataillon de la légion étrangère; une dixaine d'hommes ayant abandonné leur drapeau, furent ramenés par les Arabes; et chaque fois que des soldats ont eu la lâcheté de commettre la même faute, nos nouveaux alliés ont montré le même empressement à nous les conduire.

Je ne dois pas laisser ignorer qu'Abd-el-Kader, voulant rigoureusement et sans exigence aucune, remplir les conditions de l'article du traité relatif à la remise des déserteurs, défendit aux siens de recevoir aucune indemnité de notre part pour ce fait.

CHAPITRE IV.

Guerre intestine. — L'émir sort de Mascara pour surprendre ses ennemis. — Il est surpris à son tour. — Retour à Mascara. — Envoi de M. Busnach pour lui offrir un sabre et des armes. — Lettre des chefs de la coalition. — Une partie des Douërs viennent se mettre sous ma protection. — Lettre à l'émir et sa réponse. — Les révoltés m'envoient des chefs. — Arrestation d'un d'entre eux. — Demande de l'émir pour le réclamer et ma réponse.

Quelques différends qui s'étaient élevés entre la tribu des Beni-Hamer et celle des Douërs, furent le commencement de la guerre intestine qui depuis long-temps se préparait.

L'émir ayant appris que le parti fanatique, à la tête duquel s'étaient placés Mustapha-Ben-Ismaïn et Sidi Mazary, son frère, avait levé l'étendard de la rébellion, rassembla à la hâte les cavaliers des tribus qui environnent Mascara, pour aller surprendre les Douërs qui se battaient déjà avec les Beni-Hamer, restés fidèles à la cause d'Abd-el-Kader.

Après une longue et rapide marche, ses coureurs rencontrèrent ceux de Mustapha, et les chassèrent devant eux, en leur enlevant des

Douars qui, surpris par cette attaque soudaine, n'eurent pas le temps d'emporter leurs tentes.

La nuit mit fin à cette poursuite.

L'émir, devenu confiant par ce facile succès, posa son camp dans l'espoir qu'avec le petit nombre de troupes qu'il avait avec lui, il pourrait, le lendemain, forcer les rebelles à mettre bas les armes avant que les cavaliers de la grande tribu des Hangaëts, qui devaient se réunir à eux, vinssent à leur secours. Mais pendant la nuit, les Douërs attaquèrent à l'improviste, et enlevèrent au galop le camp d'Abd-el-Kader.

Ses cavaliers s'enfuirent dans un tel désordre, que les tentes, les chevaux et les bagages, tombèrent entre les mains des rebelles.

Dans cette échauffourée, l'émir fit des prodiges de valeur pour rallier les siens, et combattit long-temps avec une poignée de braves qui l'entouraient; il eut deux chevaux tués sous lui, et perdit ses meilleurs cavaliers.

Enfin, après avoir fait acheter cher aux Douërs le succès qu'ils venaient d'obtenir, il arriva à Mascara sans être poursuivi, et revit presque seul, et entièrement découragé, les murs de la ville où il espérait rentrer en vainqueur. Cet échec et les funestes conséquences qui pouvaient en résulter, lui causèrent un profond accablement.

Aussitôt que j'eus connaissance du désastre de notre allié, craignant qu'il ne se laissât aller aux impressions du moment, et qu'il ne compromît par là une puissance créée par nous, je lui écrivis pour l'encourager et pour lui faire comprendre qu'avec la protection de la France il ne devait désespérer de rien; je lui disais ensuite que les peines d'ici-bas sont souvent de grandes leçons que Dieu ne donne aux mortels qu'il chérit le plus, que pour leur faire éviter, en les rendant plus prudents, les écueils qui se présentent sous leurs pas; qu'elles servent aussi à faire connaître les véritables amis dont la fidélité se signale lorsque leur assistance devient nécessaire, tandis que les faux amis abandonnent au moindre revers ceux qui avaient reçu naguères les plus vives protestations de dévouement; qu'il pouvait compter plus que jamais sur moi, parce que je me plaçais en tête des premiers; que je l'engageais donc à rassembler au plus tôt, sur le Syg, les tribus fidèles, pour tenir la campagne et pour annoncer à ses ennemis que bientôt il vengerait un succès sans gloire pour eux. Enfin, je terminais en le prévenant que j'envoyais M. Busnach auprès de lui, pour lui offrir un sabre dont la lame avait été trouvée dans mon pays, sous les ruines d'une tour construite jadis par les Sarrasins établis en Provence; que cette circonstance, j'aimais à le croire, donnerait à ses yeux quelque prix à ce témoignage de mon amitié.

Le 19 avril je reçus la réponse d'Abd-el-Kader :

ABD-EL-KADER, etc.

« Busnach est arrivé ici, nous apportant de « votre part un sabre venu des Arabes du moyen- « âge ; nous l'avons accepté comme une marque « d'amitié et une nouvelle preuve de vos bonnes « dispositions à notre égard. Dieu vous en ré- « compensera selon votre mérite. Vous pouvez « être assuré que je tiendrai ma parole, et que « j'observerai toujours le traité d'alliance qui « nous unit. Busnach nous a dit que vous aviez « été peiné de notre désastre ; mais vous con- « naissez la guerre, aujourd'hui pour nous, de- « main pour l'ennemi. Selon vos bons conseils, « je prépare une nouvelle sortie et ne prends « aucun repos; mais après que cette expédition « sera terminée, s'il plaît à Dieu, tout ce que

« vous désirerez de nous, nous sera facile. Je sou-
« haite que vous me demandiez ce qui peut vous
« plaire des objets de notre pays ; je ne puis de-
« viner votre goût, et je regarderai comme une
« marque d'amitié que vous vouliez me le faire
« connaître.

« Enfin, je risquerai ma vie et ma tête pour
« me conformer à vos désirs. Je connais les droits
« de l'amitié, mais je suis resté en arrière avec
« vous pour la générosité, et je ne pourrai ja-
« mais m'acquitter, car vous avez commencé,
« et celui qui commence est le plus généreux. »

Je reçus en même temps une lettre de son ennemi Sidi Mazary :

Au général Desmichels.

Salut !

« Je vous annonce que le fils de Sidi Meydin
« vient de faire une expédition contre nous ;
« nous étions loin de nous y attendre, nos camps
« étaient sur la route de Tlémecen. Il a fui de-
« vant nous, et nous l'avons poursuivi tuant
« sans relâche ; il a perdu trois cent quarante ca-

« valiers. Nous avons pris ses tentes, ses tam-
« bours, ses propres chevaux sellés et les mulets
« qui portaient ses bagages. Surpris par nous
« pendant la nuit, ses cavaliers se sont dispersés.
« Les plus adroits ont sellé leurs chevaux à la
« hâte et nous ont échappé ; mais le plus grand
« nombre a été réduit à enfourcher des ânes :
« c'est ce qu'a fait le bey lui-même. Vous pouvez
« vous le représenter fuyant sans selle et sans
« bride sur cette monture. Nous avons pris che-
« vaux, tentes et mulets, et nous sommes partis
« sains et saufs et enrichis. Dieu soit loué. Vous
« recevrez cette nouvelle de Mascara. Nous avons
« maintenant l'intention de retourner dans notre
« pays, et d'approvisionner vos marchés. Nous
« vous demandons comme auparavant de ne point
« être inquiétés dans notre commerce avec vous.
« Quand nous serons de retour, nous irons vous
« voir pour conférer sur l'intérêt de tous. Ecrivez-
« nous une lettre pour nous rassurer, et nous re-
« tournerons tranquillement dans notre pays ;
« envoyez-nous cette réponse le plus tôt possi-
« ble. »

Je ne répondis point à cette lettre ; mais peu de temps après, comme on le verra plus loin, un millier de Douërs, poursuivis par les partisans de l'émir, vinrent se mettre sous notre protection, et n'y trouvèrent pas moins l'hospitalité la plus empressée.

D'ailleurs une considération puissante et une sage prévoyance devaient me porter à secourir Abd-el-Kader ; il était notre allié, et il fallait prouver aux Arabes la droiture de notre politique et la loyauté de nos actions.

Abd-el-Kader malheureux devait donc compter sur notre appui.

En conséquence, je lui fis offrir ce qui lui serait nécessaire paur entrer en campagne le plus tôt possible avec les tribus qui lui étaient dévouées; je lui fis entendre en même temps que, sans me mêler directement de la guerre qu'il allait soutenir contre les rebelles, j'appuyerais ses efforts par un mouvement favorable, et qu'à cet effet j'irais placer un camp d'observation à Mserguin, où je serais plus à portée de le soutenir s'il était nécessaire, et de lui fournir des munitions s'il en manquait.

Mes bonnes dispositions relevèrent le courage d'Abd-el-Kader. Il réunit sans détour, ainsi que je le lui avais conseillé, ses cavaliers sur le Syg, et envoya l'aga Ben-Harrasch me demander de lui vendre des fusils et des munitions. Je lui fis délivrer quatre cents fusils et quelques quintaux de poudre; le tout fut immédiatement payé et les fonds furent versés dans la caisse du payeur de la division.

L'arrivée au camp de ces armes et de ces munitions y produisit un effet magique; les tribus fidèles firent partir le plus grand nombre de cavaliers qu'elles purent pour le camp du Syg. Dans le même temps nous établissions le nôtre à Mserguin.

Les Douërs, effrayés de la démonstration que nous faisions en faveur de l'émir, et ne pouvant pas prévoir où elle s'arrêterait, se rapprochèrent de Tlémecen, abandonnant leur pays plein de riches silos, et emmenant avec eux leurs nombreux troupeaux.

Pendant leur marche, la tribu de Beni-Hamer s'étant mise à leur poursuite, parvint à détacher du gros des ennemis sept Douars auxquels elle fit rebrousser chemin, en leur enlevant un millier de bœufs et trois à quatre mille moutons. Ces Douars, pour éviter de plus grands malheurs, se jetèrent dans la chaîne des montagnes qui part d'Oran et se prolonge sur le littoral dans la direction de l'ouest.

Il perdirent dans cette poursuite quelques cavaliers et eurent un assez grand nombre de blessés. Enfin, exténués de fatigue et mourant de faim, ils arrivèrent jusques sous le blockaus que j'avais fait élever à l'entrée de la vallée de Mers-el-Kébir.

Les chefs vinrent en tremblant solliciter ma protection. Je les rassurai en leur promettant tous les secours dont ils auraient besoin. Je leur désignai le lieu où ils devaient asseoir leur camp, et je leur fis distribuer du pain dont ils manquaient et de l'orge pour leurs chevaux.

Leurs blessés furent pansés au fort de Mers-el-Kébir. J'ordonnai également qu'on leur fournît des tentes pour mettre à l'abri les familles qui avaient perdu leurs bagages dans la poursuite.

C'était un coup-d'œil singulier que le mélange de leurs tentes de laine noire, qui contrastaient avec les nôtres, blanchies par un long usage, et dont le bariolage de leurs inscriptions nous rappelait le camp de Grenelle et les premières campagnes du Rhin et des Alpes.

Les soldats du détachement qui fut envoyé au-devant de ces Arabes pour les protéger, se montrèrent aussi humains qu'ils avaient été braves pendant la guerre; ils leur donnèrent le pain qu'ils venaient de recevoir pour leur propre subsistance, et ils tendirent la main à ceux qui naguères s'étaient battus avec tant d'acharnement et de cruauté contre eux. Ainsi, nos soldats, par un heureux instinct de bon naturel, comprirent de suite que c'était là le rôle digne d'une nation comme la nôtre.

En effet, après nos succès dans les combats, pouvait-il exister un moyen plus certain de faire naître chez ces indigènes malheureux un sentiment ineffaçable de notre générosité?

Je ne doutais pas que l'émir n'apprît avec peine le bon accueil que j'avais fait à ses ennemis; mais j'avais trop bonne opinion de lui pour ne pas être assuré qu'en y réfléchissant, il n'applaudît intérieurement à ma conduite. D'ailleurs, aucune considération ne pouvait me faire transiger avec les lois de l'humanité et les véritables intérêts de la France; je ne devais pas laisser perdre une occasion de nous gagner des amis en leur donnant des preuves de notre libéralité.

Le 14 avril, j'écrivis à Abd-el-Kader pour lui annoncer ce qui s'était passé, et lui dire que je connaissais trop bien sa grandeur d'âme pour ne pas espérer qu'il se montrerait aussi indulgent et aussi généreux que je l'avais été à l'égard de ces Douars réfugiés sous ma protection. Je ne lui laissai pas ignorer que j'avais fait sentir aux rebelles l'étendue de la faute qu'ils avaient commise en se révoltant contre leur prince, mon ami et allié. Enfin, je le prévenais qu'ils seraient gardés par nos troupes dans la vallée de Mers-el-Kébir, jusqu'à la fin de la lutte qui allait s'engager.

Le 27 avril je reçus la réponse d'Abd-el-Kader.

ABD-EL-KADER, etc.

« C'est par égard pour vous que j'ai pardonné
« aux Douars qui sont venus implorer votre
« protection; j'aurais désiré que vous les eus-
« siez fait conduire chez les Garabas avec leurs
« troupeaux. Mais je dois respecter votre déci-
« sion. Méfiez-vous-en cependant, car ils ne
« manqueront pas de vous espionner et de cor-
« respondre avec les Douërs nos ennemis. Pour
« vous en convaincre, je vous envoie des lettres
« qui ont été déjà interceptées. »

Il était évident, d'après cette lettre, que l'hospitalité accordée à ses ennemis vaincus, avait déplu à l'émir, et qu'il cherchait à me faire revenir de ce système de médiation générale qui pouvait diminuer son influence aux yeux des Arabes; ne voulant pas m'en départir, et persuadé que cette politique ne nuirait en rien à nos bons rapports, je ne tins aucun compte de ses insinuations.

Les Douërs, effrayés des renforts considérables qui arrivaient à Abd-el-Kader sur le Syg, cherchèrent alors à donner plus de consistance à la coalition, en attirant à eux les Smelhas et la grande tribu des Hangaëts, qui devaient se réunir devant Tlémecen, lorsque l'émir s'avancerait de ce côté.

Cette ligue ourdie avec la plus grande habileté par les compétiteurs d'Abd-el-Kader, ne pouvait cependant pas renverser une puissance que nous soutenions ; c'est ce que n'ignoraient pas ses ennemis ; aussi essayèrent-ils tous les moyens de me détacher de lui.

Je me renfermai toujours à leur égard dans le système de médiation qui convenait à ma politique, et qui devait me servir à imprimer aux événements la marche la plus convenable à nos intérêts. Des envoyés des Douërs vinrent de la part des principaux chefs de la coalition, à Oran, pour me proposer de rompre l'alliance faite avec Abd-el-Kader, se soumettant aux mêmes conditions qu'il avait acceptées, et faisant valoir leur force et leurs richesses.

Je fus alors en droit de leur répondre qu'ils

avaient, dans le temps, repoussé la paix qui leur avait été offerte, et qu'après avoir traité avec l'émir, les Français étaient trop grands, trop généreux pour abandonner leur allié. Je leur conseillai, toutefois, de se réconcilier avec Abd-el-Kader, et je m'offris pour être leur médiateur. Je les congédiais, lorsqu'un d'entre eux, Hadji-Bokada, qui m'avait été signalé comme un homme dangereux et intrigant, me demanda la permission de coucher à Oran, pour y laisser, disait-il, reposer son cheval, et y voir un juif, autrefois chargé de ses affaires. J'accédai à sa demande, le prévenant, toutefois, que s'il profitait de ce séjour pour s'ingérer dans quelque intrigue, je le ferais arrêter et enfermer dans un de nos forts, jusqu'à ce que les tribus de son parti eussent fait leur soumission à l'émir. Au mépris de mes recommandations, ce chef se présenta dans plusieurs maisons de la ville, et poussa l'audace jusqu'à insulter le conseiller d'Abd-el-Kader, Ben-Harrasch, qui se trouvait alors à Oran. Il avait manqué à sa promesse, je tins la mienne; je le fis arrêter, et enfermer au fort Saint-Grégoire, où cependant je ne le laissai manquer de rien.

Abd-el-Kader apprit bientôt l'arrestation de Hadji-Bokada, et il m'écrivit pour me demander qu'il lui fût livré.

Je transcris ici ma réponse :

« Jusqu'à ce jour j'ai été tellement heureux d'aller au-devant de vos désirs, et de satisfaire tous ceux que vous m'avez exprimés, que j'éprouve la plus vive peine à vous refuser aujourd'hui ce que vous me demandez. Vous en apprécierez certainement les motifs. L'intrigant que j'ai fait emprisonner dans un des forts de la ville, avait eu l'audace, avant de se présenter chez moi, d'aller réclamer la protection du commandant de la station navale, et du général Sauset. Ce dernier, après lui avoir donné l'assurance qu'il n'avait rien à craindre, le fit conduire devant moi avec les Arabes qui l'avaient accompagné, et dont l'un était porteur d'une lettre de Mazary, que je vous ai envoyée. Je les reçus avec toute la sévérité que m'inspire l'amitié franche que j'ai pour vous, les considérant comme mes ennemis, puisqu'ils étaient les vôtres ; étant protégés, toutefois, par la promesse du général et du commandant de la station, j'ai bien pu faire arrêter Bokada, mais il m'est impossible de vous le rendre. Un tel acte serait contraire à mon caractère et aux droits que donne l'hospitalité. Agréez-en tous mes regrets. »

CHAPITRE V.

L'émir bat les tribus rebelles de l'est.— Il marche vers celles de l'ouest, qui lèvent leur camp sur l'Isser, pour se porter sur le Zéïtoun, au-delà de Tlémecen. — Leur défaite. — Levée du camp de Mserguin. — Les Turcs sommés de rendre leur ville s'y refusent.— Importance de Tlémecen. — Retour de l'émir à Mascara. — Les principaux chefs des provinces d'Alger et de Bône viennent lui offrir leur soumission.—Espérances et plan de pacification générale.

Bien que je fusse certain des succès d'Abd-el-Kader dans la lutte qui se préparait, l'accession des Bordgias et d'une partie des tribus populeuses du Schéliff à la coalition qui s'était formée contre lui, me faisait craindre qu'il n'achetât chèrement la victoire.

J'envoyai de nouveau auprès de lui M. Busnach, pour lui conseiller de lever son camp en feignant de marcher sur Tlémecen, et de se retourner ensuite brusquement sur les Bordgias et les tribus de l'est, afin d'attaquer ainsi séparément la moitié de ses adversaires. Abd-el-Kader comprit les avantages de cette manœuvre, et l'exécuta sans délai. Les ennemis surpris, écrasés à l'improviste, se soumirent à discrétion. Un grand nombre d'ôtages fut envoyé à Mascara, et les contributions qu'il imposa augmentèrent ses ressources pécuniaires.

Après avoir dispersé les coalisés de l'est, l'émir entraîna avec lui, en marchant sur ceux de l'ouest, une multitude de cavaliers que ses succès lui rallièrent, et dirigea vers Tlémecen son armée grossie et victorieuse.

A cette nouvelle, les Douërs et les Smehlas levèrent leur camp établi sur la petite rivière d'Isser, pour aller l'asseoir sur le Zeïtoun, à une lieue au-delà de Tlémecen. Les Angaëts, commandés par *el-Gomery*, et les Cabaïles du littoral, vinrent les y joindre. Ce fut là que les deux partis se rencontrèrent. Les Douërs et leurs alliés furent complètement battus; plus de cent des leurs eurent la tête tranchée, et ces trophées barbares furent envoyés à Mascara et à Tlémecen.

Le lendemain de cette affaire, l'émir envoya au camp de Mserguin, Maôloud-Ben-Harrasch, pour m'annoncer cette victoire.

M. Busnach qui, par mon ordre, s'était rendu à Tlémecen pour observer tout ce qui se passerait entre les deux partis, revint avec l'aga.

Les Douërs, ainsi que leurs alliés, se soumirent également à la discrétion du vainqueur. Mais l'émir n'exigea que la promesse de lui être fidèle, et s'attacha Sidi Mazary, le principal chef de la coalition, en lui conférant la dignité d'aga.

Les Turcs et les Colouglis de Tlémecen, quoiqu'enfermés dans leur citadelle d'où ils pouvaient défier les efforts de leur ennemi, cherchèrent cependant à lui faire oublier qu'ils avaient coopéré à la révolte des Douërs et violé la foi qu'ils lui avaient promise, lors de son dernier voyage à Tlémecen. Ils lui offrirent, à cet effet, un cheval richement harnaché.

Mais Abd-el-Kader ne promit aux Turcs le pardon de leur faute, qu'à condition qu'ils lui livreraient la citadelle et la partie de la ville qu'ils occupaient exclusivement.

Cette place était considérée par eux comme le palladium de leur existence politique; ils repoussèrent donc ses propositions, et se mirent en mesure de défendre leurs murailles. Abd-el-Kader les bloqua vainement pendant un mois, et reconnaissant l'impossibilité de s'en rendre maître, ne possédant que quatre petites pièces de campagne, il me fit demander deux obusiers. Je n'étais pas autorisé à lui faire une telle remise.

Et quand même j'aurais eu cette autorisation, je n'en aurais fait usage que pour des circonstances plus impérieuses que la prise de Tlémecen. Je lui promettais, toutefois, de soumettre sa demande au ministre.

Je fus autorisé, quelque temps après, par M. le maréchal Gérard, de fournir à l'émir deux pièces de canon et un approvisionnement convenable, si des événements majeurs et de nature à être profitables à la France venaient à se présenter.

Depuis cette autorisation, je ne fus pas dans le cas de faire cette remise à Abd-el-Kader. D'ailleurs, avant qu'elle ne me fût parvenue, il avait levé le siége de Tlémecen, pour ne pas affaiblir par une vaine tentative l'influence morale que ses succès lui avaient acquise.

Par sa population, qui est d'environ 20,000 âmes, et sa proximité de l'empire de Maroc, Tlémecen est la première ville de la province d'Oran. On y fabrique des tapis, et on y apprête une grande quantité de pelleteries. C'est l'entrepôt de tout le commerce de la régence, avec Maroc et les tribus de l'ouest. Cette ville, arrosée par les eaux du Salsif, affluent de la Tafna, et par des sources d'eau excellente, est entourée de jardins magnifiques, et son territoire est d'une extrême fertilité.

Avant de quitter Tlémecen, Abd-el-Kader réintégra dans l'emploi de Caïd de cette ville un scheik riche et très-influent, nommé Benouna, qui en avait été dépossédé avant la paix, par suite du refus de payer la dîme. La valeur qu'il déploya en combattant sous les drapeaux de l'émir, auxquels il était venu se rallier pendant la lutte contre les Douërs, le fit rentrer dans ses bonnes grâces, et il jouit, en ce moment, auprès de lui, d'un très-grand crédit.

Il avait été convenu entre l'émir et moi qu'après la soumission des rebelles, nous nous réunirions pour conférer sur nos intérêts communs. Je désirais vivement voir de près ce jeune chef qui m'avait disputé pendant la guerre, avec tant d'énergie, la domination du pays.

Je reconnaissais déjà en lui un homme supérieur qui avait su vaincre les préjugés d'une éducation musulmane, pour aller au-devant d'une civilisation dont seul encore, parmi les siens, il comprenait les avantages.

J'attendais avec impatienee cette entrevue, lorsqu'il m'écrivit que des affaires pressantes l'obligeaient de se rendre directement de Tlémecen à Mascara. Il m'exprima de grands regrets de retarder une entrevue à laquelle il disait tenir beaucoup. Je sus depuis, qu'il ne voulut pas se présenter devant les Français avec un petit nombre de cavaliers fatigués, et sans avoir réparé la perte de ses tentes et de ses bagages, qui lui avaient été enlevés dans l'échauffourée nocturne contre les Douërs.

Peu de jours après l'arrivée de l'émir à Mascara, la nouvelle de ses succès y rappela bientôt les principaux chefs des provinces d'Alger et de Bône, au nombre desquels on remarquait Sidi Ali-Ben-Kaladi, grand marabout de Méliana. La plupart de ces chefs étaient déjà venus pour le féliciter sur le traité conclu avec nous, et aujourd'hui ils revenaient pour le complimenter sur sa victoire contre les rebelles.

J'étais instruit de cette réunion par le commandant Abdalla, qui m'avait annoncé que le but du voyage de ces chefs était moins de féliciter l'émir que de parvenir, par son intermédiaire, à jouir dans leurs provinces des bienfaits de la paix.

Le grand marabout de Méliana m'écrivit (1) en effet au nom des chefs qui se trouvaient à Mas-

---

(1) Je regrette que des convenances militaires ne me permettent pas l'insertion de cette lettre remarquable.

cara, pour m'exprimer ce désir; je répondis que mes attributions ne s'étendaient pas au-delà des limites de la province d'Oran; mais que je soumettrais leurs vœux au ministre et que j'en entretiendrais M. le lieutenant-général commandant à Alger, avec lequel je leur conseillai de s'entendre.

Il peut paraître étonnant que ces divers cheiks ne se soient pas adressés directement à Alger et qu'ils aient fait un très-long voyage pour venir me demander la paix, lorsqu'ils avaient auprès d'eux le centre du gouvernement de la colonie; mais en réfléchissant que la guerre régnait encore dans les deux autres provinces, et que dans celle d'Oran, au contraire, le rapprochement le plus complet était établi entre les Français et les Arabes, on ne verra rien que de très-naturel dans cette démarche.

Car à Oran, ce n'était point une suspension d'armes achetée par des concessions, de l'argent, ou des arrangements de peu de durée, c'était la paix sanctionnée par un traité et nous liant à un chef vénéré dont la réputation et l'influence s'étendaient dans toute la régence.

Les ouvertures de paix que venaient me faire les chefs des provinces de Titery et de Constantine, me rappelèrent ce que l'émir m'avait dit, dans une de ses premières lettres, que les Arabes de ces provinces lui étaient soumis. Alors je n'avais vu dans cette déclaration qu'un sentiment d'amour-propre qui le portait à se rendre plus puissant à mes yeux ; mais depuis que ces chefs étaient revenus à Mascara pour le même objet et qu'ils renouvelaient chaque jour à notre représentant dans cette résidence le désir de la paix, je conçus l'espérance de la voir régner bientôt dans toutes nos possessions en Afrique.

Cette grande entreprise devint l'objet constant de mes méditations ; je calculai avec la plus sérieuse attention les moyens de l'exécuter et les chances de succès. En confiant à l'émir l'exécution de ce dessein, je ne devais pas craindre son ambition future, car il savait bien que si après avoir passé le Schéliff, il s'écartait de la ligne de conduite qui lui aurait été tracée, je n'hésiterais pas à faire marcher nos troupes sur Mascara, et à mettre à sa place un de ses compétiteurs.

Ainsi, lorsque les chefs les plus influents des provinces insoumises offraient eux-mêmes les moyens d'arriver à une paix générale, qui devait être au fond notre seul but en Afrique, c'eût été mal comprendre les intérêts de la France que de ne pas profiter de cette circonstance. Mais, comme je l'ai déjà dit, mes attributions n'allaient pas jusque-là; je ne pouvais qu'étudier le plan de pacification générale et en coordonner toutes les parties pour le soumettre plus tard au ministre et au gouverneur-général qui devait bientôt arriver à Alger.

Voici comment je l'avais conçu : l'émir devait passer le Schéliff, accompagné du commandant Abdalla, de M. Levret, mon aide-de-camp, de deux capitaines d'état-major et d'un capitaine du génie. La présence de ces officiers dans la petite armée d'Abd-el-Kader aurait eu pour but d'apprendre aux Arabes que c'était avec l'autorisation et l'appui de la France que ce chef entrait dans la province d'Alger pour la pacifier et la faire jouir des mêmes avantages que celle d'Oran.

Ces officiers devaient en outre reconnaître le pays, et donner des notions exactes sur les communications qui pourraient par la suite être établies, sur sa population et sur la fertilité du sol.

Abd-el-Kader comptait tellement sur son ascendant, qu'il me donnait l'assurance, dans tous nos rapports qui eurent lieu à ce sujet, que la guerre qui existait encore aux environs d'Alger et devant Bougie, cesserait immédiatement lorsqu'il s'y présenterait; qu'il obtiendrait le même résultat dans la province de Constantine. Là, disait-il, *je rencontrerai Achmet, je le combattrai avec les Arabes qui l'abandonneront, et il ne sera plus question, dans la régence, de la domination exécrée des Turcs.*

De si grands avantages devaient être pris en considération, et aucune bonne raison politique ne pouvait en arrêter l'accomplissement. Qu'on me permette d'exposer les réflexions qui se présentèrent à mon esprit, pendant les négociations relatives à cette entreprise.

Abd-el-Kader devenant chef absolu des Arabes de toute la régence, pouvait-il devenir redoutable aux Français, gardiens du littoral? Je ne le pensai pas; car, alors qu'il exerçait au plus haut degré, dans la province d'Oran, un ascendant fondé sur le fanatisme plus encore que sur ses qualités personnelles, il n'avait pu soulever et rallier à ses drapeaux que les Arabes voisins du théâtre des hostilités, sans jamais rassembler plus de dix à douze mille combattants, tandis que cette province compte plus de cent mille hommes armés.

Aujourd'hui qu'il a dissipé, en traitant avec nous, le prestige qui faisait sa force, il pourrait encore moins entraîner au loin les populations, parce que les chefs rebelles qu'il a soumis avec notre appui, ne lui sont pas franchement dévoués, et que les tribus qui n'ont pas encore oublié les désastres de la guerre, ne voudraient pas de nouveau courir les chances des combats.

D'ailleurs, les Arabes ne s'éloignent jamais à de grandes distances de leurs tentes, de leurs familles et de leurs nombreux troupeaux. Ainsi, Abd-el-Kader, en sortant de la province d'Oran, ne peut compter que sur les Arabes qui se trouveront sur son passage dans les deux autres provinces. Au reste, pour nous rassurer complètement sur l'ambition future d'Abd-el-Kader, il suffit de jeter un coup-d'œil sur la carte de nos possessions en Afrique, qui ne consistant qu'en une bande de terre large de vingt à quarante lieues, et longeant la mer sur une étendue de plus de deux cents lieues, peuvent être facilement maintenues dans l'obéissance. Je n'admets pas le doute que les généraux qui commanderont en Afrique, n'y fassent aimer la domination française par une sage modération et la justice de leurs actes. Le temps fera le reste, et avec ce peuple intelligent il marchera vite, car l'expérience de quinze mois de paix dans la province d'Oran nous a permis de compter sur l'avenir du pays.

Supposons un instant que l'émir, devenu chef

de tous les Arabes, se laisse aller à la tentation de secouer les liens de la vassalité.

Dans quelle province de l'Algérie pourrait-il combiner une levée de boucliers? Ce ne serait sans doute que dans celle d'Oran, où il y a une plus grande agglomération d'hommes intrépides et bien armés. Mais là, tous les postes que nous y occupons sont inexpugnables, surtout contre un peuple sans science militaire, sans organisation régulière et sans artillerie. Là, le contact journalier des Arabes avec les Français a déjà rendu la guerre presque impossible entre eux, par suite des progrès en tous genres que nous avons faits, depuis la paix, dans leur esprit.

Serait-ce dans la province d'Alger? encore moins, puisque les tribus sont plus éloignées les unes des autres, et qu'il ne peut jamais s'y former de rassemblement capable de donner la moindre inquiétude D'ailleurs, dans cette province centrale, l'occupation de Bélida et de Médiha me paraît indispensable pour couper les communications entre les Arabes de l'est et ceux de l'ouest, au point de rendre leur jonction impossible.

Cette occupation exigerait peu de troupes; il ne s'agirait que de bien choisir les postes et de les lier ensuite par des tours télégraphiques, crénelées et échelonnées jusqu'à Alger, à peu près semblables à celles dont les Maures se servaient pour garder l'Espagne et une partie du midi de la France (1).

Dans les deux autres provinces, la nécessité d'occuper l'intérieur se fait moins sentir; ce système augmenterait nos dépenses, sans aucune espèce de profit pour l'avenir.

Indépendamment de ces garanties matérielles que je croyais faciles à réaliser, je recevais chaque jour, de la part d'Abd-el-Kader, des garanties morales non moins importantes; je citerai, pour faire apprécier la droiture de son caractère, et combien il comptait sur l'appui de la France, quelques propositions qu'il m'a faites.

Voulant resserrer le plus fortement possible les liens de notre alliance avec les Arabes, il me fit connaître le désir qu'il avait de faire porter aux pieds du trône l'hommage de sa soumission respectueuse et de son dévouement.

L'aga Ben-Harrasch était désigné pour remplir cette mission; il devait emmener avec lui les fils

---

(1) Avant l'arrivée du gouverneur-général, j'avais l'intention de demander au ministre l'autorisation d'en établir d'Oran à Mostaganem, pour avoir promptement des nouvelles de l'est de la province, et pour garder, en cas de rupture, la route qui s'exécutera entre ces deux villes.

ou les plus proches parents des personnages les plus considérables de la province pour les compromettre, disait l'émir, aux yeux des fanatiques.

Montrer la puissance de la France à des jeunes gens qui devaient un jour exercer leur influence sur les Arabes, n'était-ce pas consolider la paix, et faire naître la prospérité dans nos possessions d'Afrique, et les rendre profitables à la France? Ces envoyés devaient, en outre, offrir des chevaux à S. A. le prince royal, et Abd-el-Kader espérait que la reine daignerait accepter une corbeille de plumes d'autruches, qu'il avait déjà fait préparer (1) avec beaucoup de soins.

Plus tard, l'émir, voulant introduire peu à peu nos arts et nos métiers parmi les indigènes, avait également demandé d'entretenir à ses frais une trentaine d'Arabes à Marseille, pour y recevoir l'éducation nécessaire à leur destination ; ils auraient été, dans la suite, remplacés par un plus grand nombre. Ce moyen n'était-il pas aussi propre à préparer l'œuvre de la civilisation en Afrique (2)?

---

(1) M. le gouverneur général, par sa dépêche du 24 novembre 1834, s'opposa au départ de ces envoyés.

(2) Par sa dépêche du 17 décembre 1834, M. le gouverneur

Nous continuerons à faire connaître les dispositions d'Abd-el-Kader, pour tout ce qui tendait à accélérer cette civilisation, en habituant progressivement les siens à nos usages et à nos lois; il me suffisait de lui signaler la rapacité des cadis et des muphtis envers ceux qui avaient recours à leur ministère, pour qu'il les fît cesser sur-le-champ. Il décida que ces employés n'exigeraient plus aucun salaire de ceux qui viendraient leur demander justice, et qu'ils recevraient un traitement annuel, qui fut fixé à 600 boudjous pour les cadis, et à 300 pour les muphtis.

Les orphelins étaient dépouillés de leurs biens par ceux qui en avaient l'administration. Il fut ordonné qu'ils en rendraient compte chaque fois qu'ils en seraient requis.

Voilà pour les faits accomplis, dont je ne cite qu'un petit nombre; maintenant il me reste à initier mes lecteurs aux communications intimes que j'avais avec l'émir, par l'intermédiaire de son ami Ben-Harrasch.

Il était bruit, à Oran, d'une intervention de la France dans les affaires de la Péninsule; je fis demander à Abd-el-Kader si, dans le cas où un

---

général suspendit indéfiniment l'envoi de ces Arabes à Marseille.

détachement de la division serait envoyé en Espagne, il ne pourrait pas faire participer les Arabes à cette expédition; il me fit répondre qu'il n'était pas assez riche pour solder et entretenir les cavaliers dont j'aurais besoin, mais que si la France voulait le faire, il se chargerait de mettre à sa disposition deux ou trois mille cavaliers.

Le désir de connaître notre législation, nos usages et notre organisation militaire, lui faisait adresser chaque jour de nouvelles questions au commandant Abdalla. Mais comme cet officier ne pouvait pas toujours lui répondre d'une manière assez complète, assez satisfaisante, il fut convenu qu'il serait dressé une série de questions auxquelles nous répondrions par écrit d'une manière positive, avec les développements convenables; de telle sorte que l'émir pût, sans crainte d'erreur, puiser dans ces renseignements les idées d'améliorations qu'il croirait applicables à sa nation. Que pouvait-on désirer de plus pour introduire entre les deux peuples un principe de fusion si favorable à nos intérêts, et pour faire avancer plus rapidement les indigènes dans la voie de la civilisation ? Abd-el-Kader voulant donner lui-même un grand exemple, me fit exprimer, par son ami, le désir qu'il avait de se marier avec une Française; et afin qu'elle pût suivre sa religion, une chapelle aurait été construite à la casbah de Mascara, desservie par un aumônier. Cette église, disait-il, servira aux chrétiens que des missions politiques ou des affaires particulières appelleront dans cette résidence.

Toutes ces relations ne devaient-elles pas m'inspirer de l'amitié pour ce jeune chef, et me donner une grande confiance dans ses dispositions à notre égard? Toutefois, je me tenais au courant de ses moindres démarches, mais je voyais avec satisfaction que toutes étaient empreintes d'un sentiment de droiture et de bonne foi.

CHAPITRE VI.

Arrivée de M. le gouverneur général à Alger.—Mon voyage dans cette ville. — L'invasion du choléra me rappelle à Oran.—Ravages de cette épidémie.—M. le comte d'Erlon désapprouve le projet de pacification générale.—Demande de mon rappel.—Mon remplacement par le général Trézel.

Pendant que je combinais les moyens de pacifier nos possessions barbaresques, l'invasion du choléra vint arrêter subitement la prospérité croissante de la province d'Oran. A cette nouvelle, les navires européens qui, chaque jour, venaient mouiller dans la rade de Mers-el-Kébir, cessèrent d'y paraître. Ce fut au moment de l'arrivée du comte d'Erlon à Alger que quelques symptômes de ce fléau se manifestèrent à Oran et à Mers-el-Kébir.

Sur la déclaration du comité de santé, qui jugea que les premiers cas qui furent observés dans ces deux places n'appartenaient pas au choléra asiatique, je me rendis à Alger pour présenter mes devoirs à M. le gouverneur général, et pour lui donner en même temps tous les renseignements qu'il pourrait désirer sur la province que je commandais.

Je l'entretins longuement des vues que j'avais sur l'émir et du parti qu'on en tirerait, en approuvant le projet de pacification générale, qui depuis quelques mois était l'objet de mes constantes méditations.

Je développai à M. le gouverneur général tous les détails qui se rattachaient à cette grande question, et il me parut avoir la conviction des avantages qui en résulteraient pour nos possessions en Afrique.

J'avais l'intention, pendant le séjour que je comptais faire à Alger, de l'entretenir encore de ce projet, lorsque des cavaliers d'Abd-el-Kader vinrent m'apporter des dépêches du général de Fitz-James, qui m'annonçait qu'il n'y avait plus de doute sur la nature du fléau, que le grand nombre de cas qui venaient se présenter à Mers-el-Kébir et à Oran appartenaient évidemment au choléra asiatique.

Le lendemain de cette fâcheuse nouvelle, je quittai Alger pour me rendre à mon poste, après avoir demandé pour le service des hôpitaux une augmentation d'officiers de santé et tous les médicaments qui étaient nécessaires pour combattre cette horrible maladie.

L'épidémie s'était d'abord déclarée au fort de Mers-el-Kébir, où elle emporta quelques vétérans et des soldats de l'atelier des condamnés. Bientôt elle envahit Oran avec une effrayante rapidité, frappant indistinctement toutes les classes.

Après mon débarquement, mon premier soin fut de visiter les hôpitaux, que je trouvai déjà pleins de cholériques, bien que la maladie n'eût pas encore atteint son plus haut degré d'intensité.

Le zèle et le dévoûment des officiers de santé et de l'administration militaire suppléèrent à tout. L'hôpital fut entièrement consacré aux cholériques; les autres malades furent évacués dans des succursales promptement disposées pour les recevoir.

Des infirmiers qui s'étaient enfuis par crainte de l'épidémie, furent remplacés par une quarantaine d'hommes de l'atelier des condamnés, auxquels je promis, pour prix de leur bonne volonté, de demander leur grâce au roi.

Mes fréquentes visites aux cholériques et celles que MM. les officiers et chefs de corps leur faisaient chaque jour, inspirèrent une énergie salutaire à nos malheureux camarades torturés par les affreuses douleurs du fléau, et plusieurs d'entre eux durent peut-être leur salut à notre sollicitude fraternelle.

Hors de cette enceinte d'un si déchirant aspect, toutes les mesures imaginables furent prises pour l'assainissement des casernes et de la ville, mais les ravages de la maladie continuaient toujours avec la même violence. La consternation régnait parmi la population européenne et indigène. J'employai, pour la rassurer, les moyens pratiqués dans l'Inde, et qui, je crois, furent mis en question pendant que cette maladie régnait à Paris.

Je prescrivis d'abord d'allumer matin et soir des grands feux dans les rues, sur les places, et principalement dans les cours des casernes et de l'hôpital militaire, ensuite de tirer de tous les forts quelques coups de canon, et de faire en même temps des décharges de mousqueterie dans les casernes.

J'espérais que ces feux et ces décharges pourraient apporter quelque changement dans l'état pestilentiel de l'atmosphère qui s'était appesanti dans nos murs. Je me flattais du moins que si ces moyens ne produisaient pas l'effet physique et matériel que j'en attendais, ils auraient du moins l'avantage d'en produire un moral qui contribuerait à diminuer l'intensité de la maladie.

Eu effet, ces mesures firent cesser la funeste préoccupation qui s'était emparée de presque tous les esprits, et elles eurent en outre le mérite d'exciter les militaires et les habitants à une gaieté momentanée, qui se manifesta par des rondes autour de ces feux, et qui, en leur faisant oublier les pertes de la journée, contribua d'une manière sensible au décroissement de l'épidémie.

Les mêmes prescriptions furent suivies à Mostaganem, lorsque le choléra s'y manifesta, et peut-être elles contribuèrent à le rendre moins foudroyant qu'à Oran.

Aucun symptôme ne fut remarqué à Arzew.

Indépendamment des précautions prises, en vertu de mon ordre du jour, la troupe devait en outre sortir de ses quartiers, après le repas du matin, pour aller travailler modérément aux routes de communication qui avaient été tracées entre les blockaus. Tous les officiers et la musique des corps assistaient à ce travail qui finissait à l'heure de la soupe du soir. Un supplément d'un quart de ration de vin fut alloué aux travailleurs.

Les soins les plus généreux furent prodigués aux indigènes, et dès que je le pus, sans nuire à nos besoins, je m'empressai même d'envoyer des médecins et des médicaments à Mascara, où la mortalité s'élevait chaque jour à un chiffre effrayant.

Nos pertes furent grandes et vivement senties. Le général de Fitz-James, vingt-six officiers de tous grades, et environ cinq cents sous-officiers et soldats, périrent des horribles souffrances de cette épidémie.

J'eus en outre l'affliction profonde de voir succomber trois personnes de ma famille, entre autres le docteur Des Michels, chirurgien-major au 1er régiment d'infanterie légère d'Afrique, qui, jusqu'au moment où il fut atteint, avait apporté dans l'exercice de ses fonctions autant de zèle que de dévouement.

Tous ces malheurs ébranlèrent fortement mon âme, qui ne trouva quelque soulagement à tant de peines que dans les devoirs de la mission qui m'était confiée. Jusqu'à cette époque de bien triste mémoire, mes opérations militaires et politiques m'avaient complètement réussi, et j'étais loin de m'attendre aux malheurs qui venaient de me frapper.

Ce fut dans ces cruelles circonstances que M. le comte d'Erlon, qui, pendant mon séjour à Alger, avait apprécié mon projet de pacification générale, vint, à mon très-grand étonnement, le désapprouver au moment où il devait recevoir son exécution. J'envoyai aussitôt le capitaine Waleswki au camp de l'émir, sur l'Habra, pour lui faire connaître la décision de M. le gouverneur général, et pour l'inviter à lever son camp et rentrer à Mascara. Ce jeune officier, qui donne les plus grandes espérances, devait en outre demander à Abd-el-Kader des explications sur un traité qu'il avait fait avec une compagnie juive d'Oran, à laquelle un banquier de Gibraltar prêtait des fonds; cette compagnie était autorisée, me disait-on, par ce traité à exporter par le golfe de Tlémecen les produits de cette partie de la province, et à y importer des armes et des marchandises anglaises, qui éviteraient ainsi les frais des douanes qu'elles devaient payer à Oran. Les explications les plus satisfaisantes furent données au capitaine Waleswki, ainsi que sur d'autres questions qu'il fit de ma part à l'émir.

La sécheresse de la correspondance de M. le gouverneur général, occasionnée sans doute par la divergence inattendue de nos opinions sur le système politique à suivre en Afrique, me fit dès lors entrevoir l'impossibilité de servir sous ses ordres. En conséquence, je demandai mon rappel, motivé sur les regrets que j'aurais de renoncer à une politique qui, d'après ma conviction intime, était la seule avantageuse à la France et à sa colonie.

M. le comte d'Erlon, que j'eus l'honneur de prévenir de ma démarche auprès du ministre, s'empressa de l'appuyer de tout son crédit, au point que jamais ordre de Paris ne parvint plus rapidement que celui de mon rappel. La manière de me le faire parvenir me fut d'autant plus pénible, qu'elle était inaccoutumée dans notre armée, hors des cas de forfaiture qui ne s'y sont presque jamais présentés.

Voici comment elle eut lieu :

Le général Trézel, chef de l'état-major-général de l'armée d'Afrique, reçut de M. le gouverneur général l'ordre de partir sur-le-champ d'Alger, pour aller prendre le commandement de la division d'Oran. Un bateau à vapeur fut mis à sa disposition, et arriva sans perte de temps à Mers-el-Kébir, où il mouilla pendant la nuit; un officier de la marine royale fut expédié à une heure du matin à Oran, pour me porter l'ordre de mon rappel; M. le général Trézel voulut bien, de son côté, m'annoncer cette nouvelle, en me prévenant qu'il arriverait dans la matinée, avec tous ses équipages, à la Casbah.

De sorte que, sans autre avis préalable, mon remplacement eut lieu comme la visite d'un inspecteur de finances chez un receveur infidèle. M. le gouverneur général eut en outre l'attention, pour que mon retour en France n'éprouvât aucun retard, de faire partir d'Alger la gabare la *Caravane*, avec l'ordre de remettre à la voile immédiatement après son arrivée à Mers-el-Kébir, et après mon embarquement à son bord. L'impatience de M. le gouverneur général aurait été de suite satisfaite, si une violente tempête ne m'eût retenu, malgré moi, encore quelques jours à Oran.

Toutefois, je profitai de ce retard pour annoncer mon rappel à Abd-el-Kader. Mon aide-de-camp, accompagné de M. Allegro, africain d'origine, officier d'ordonnance du général Trézel, se rendit à cet effet à Mascara. Il était porteur d'une lettre dans laquelle je recommandais à l'émir de persévérer dans la conduite loyale qu'il avait tenue depuis la conclusion de la paix; de faire tous ses efforts, de concert avec mon successeur, pour resserrer les liens d'amitié qui unissaient les Français et les Arabes, de ne jamais séparer sa cause de celle de la France, que de cette union dépendaient ses intérêts, sa réputation, et même sa vie.

Je lui disais aussi que je ne laisserais pas ignorer au roi avec quelle religieuse observance il avait tenu les conditions du traité, et que je ne manquerais pas de donner à S. M. l'assurance que la foi promise ne serait jamais violée par lui, que la fermeté de son caractère et sa qualité de marabout étaient, d'ailleurs, une garantie de ses dispositions futures.

Il remit à mon aide-de-camp une lettre remplie de remercîments pour les bons conseils que je lui donnais, et pour le bien que je dirais de lui au roi, et il la terminait par les plus vives expressions de regrets de mon départ.

Pendant le court séjour que je fis encore à Oran, j'eus la satisfaction de recevoir un rapport de M. de Maligny, capitaine d'état-major, qui m'annonçait son arrivée à Tlémecen, avec M. Tatarau, aide-de-camp du gouverneur-général, qui, étant à Oran, avait été invité par moi à faire ce voyage, afin qu'il pût rendre compte à M. le comte d'Erlon de l'état de la province, qu'il allait parcourir dans toute sa longueur.

Ces deux officiers, ayant avec eux un interprète, se rendirent d'abord à Arzew, Mostaganem et Mascara; de là, en suivant le versant méridional de l'Atlas, ils arrivèrent à Tlémecen, où ils furent conduits par le caïd Benouna. La population arabe de cette grande ville, avec la musique, vint au-devant d'eux en manifestant les plus grandes démonstrations de joie.

M. de Maligny ne me laissa pas ignorer non plus l'accueil empressé et cordial qu'ils avaient reçu dans toutes les tribus, depuis le Schéliff jusqu'à Tlémecen, pendant un trajet de plus de cent lieues. Ainsi, le nom français, qui avant la paix était maudit par les Arabes, était aujourd'hui tellement en honneur, qu'il ouvrait à nos officiers les tentes des nomades musulmans, dont le seuil n'avait jamais été, disaient-ils, franchi par des chrétiens.

Mes lecteurs connaissent déjà tout ce qui s'est passé depuis mon arrivée à Oran, il ne me reste plus qu'à leur faire le tableau de l'état de la province, à l'époque de mon départ. J'ajouterai à la fin de cette relation les deux derniers rapports que j'ai adressés à M. le gouverneur-général, auxquels je joindrai la description de la ville et de la province d'Oran ; je terminerai cet ouvrage par la récapitulation des travaux exécutés pendant la durée de mon commandement.

Avant que la tempête, dont la violence me retenait à Oran, eût cessé, les chefs des tribus des environs d'Oran, ayant su par la voix publique mon départ, vinrent m'offrir leurs regrets et leurs vœux.

Enfin, la mer s'étant calmée, accompagné par M. le général Trézel, entouré des chefs de corps et des officiers de tous grades, je m'éloignai avec une peine bien sentie de mes compagnons d'armes, emportant la conviction d'avoir acquis l'estime générale, et d'avoir marqué mon passage dans cette province par des mesures favorables aux intérêts de la France et à la prospérité de la colonie.

Le bienveillant accueil du roi, à mon retour à Paris, fut à la fois un témoignage flatteur de la satisfaction de S. M., et une récompense bien douce de mes services.

FIN.

En terminant cette relation, je ne dois pas laisser ignorer à mes lecteurs qu'une émeute se manifesta le 7 juillet 1834 dans trois escadrons du 2e de chasseurs, à cause de la suppression des allocations extrà-réglementaires accordées à l'armée d'Afrique.

Cet événement n'ayant aucun rapport avec la politique que nous suivions dans ce pays, et ne pouvant nuire à son état prospère, ne doit être considéré que comme une atteinte grave portée à la discipline. Le récit des détails ne me paraissant pas indispensable, je me bornerai à dire que les principaux auteurs de cette grande faute furent punis selon toute la rigueur de nos lois militaires.

PIÈCES A L'APPUI.

1.

EXTRAIT

DU RAPPORT ADRESSÉ AU GOUVERNEUR-GÉNÉRAL LE 14 DÉCEMBRE 1834.

. . . .

Depuis l'entière disparition du choléra, le commerce a repris ici toute son énergie. Le port de Mers-el-Kébir s'est repeuplé de navires, et les Arabes, retenus dans leurs tribus par les ravages de l'épidémie, affluent de nouveau dans nos marchés, où ils apportent des denrées de toute espèce.

Les caravanes du désert ont recommencé leur trajet; le commerce des laines prend dans cette place un développement considérable. Pendant les premiers mois de la paix, il en a été vendu pour plus d'un million de francs, qui ont été expédiées en France et en Angleterre.

Le Maroc et Tlémecen apportent ici des tapis, des burnoufs, des ceintures en soie, des peaux de toutes couleurs et une foule d'autres productions du pays.

L'empressement des Arabes à reprendre le cours de leurs relations avec nous, est une preuve des éléments de paix et de civilisation bien positifs que nous offrent les dispositions actuelles de ces peuples, qui nous détestaient avec fanatisme il y a dix mois, et qui aujourd'hui s'habituent à nous aimer et à nous estimer par la franchise et la loyauté de nos rapports avec eux.

Pour parvenir à ces changements heureux, j'ai été parfaitement secondé par les fonctionnaires de la division et par le bon accueil que font MM. les officiers aux chefs arabes qui viennent chaque jour en grand nombre à Oran de toutes les parties de la province. Par ces moyens, notre influence s'est peu à peu accrue et consolidée sur des bases toujours sûres en pacification, la justice et la bonne foi.

Les tribus qui ont eu à se plaindre de l'émir n'ont jamais réclamé vainement notre appui. Ainsi la droiture de notre conduite et l'inflexible équité de nos actes nous a rendu l'arbitre et le médiateur de tous leurs différends.....

. . . . Abd-el-Kader, qui pendant la guerre n'avait éprouvé que des échecs, apprécie en homme supérieur et de sens les avantages de la paix, et ne laisse échapper aucune occasion de nous prouver sa bonne foi. Je citerai quelques faits qui, par leur évidence matérielle, ne laisseront aucun doute sur ses dispositions à notre égard.

Les nombreuses demandes de céréales faites par les négociants aux chefs de tribus ayant occasionné dans l'intérieur une surhausse de prix, les Arabes n'apportèrent plus à Oran leur récolte, et nos approvisionnements de réserve commençaient à s'épuiser. J'informai l'émir de notre pénurie, qui me répondit que dans quelques jours plusieurs milliers de quintaux d'orge seraient versés dans nos magasins.

Les gros temps qui règnent dans cette saison sur les côtes d'Afrique, ayant interrompu les arrivages de foin que l'administration militaire tire de France ou d'Italie, et le manque de cette denrée commençant à se faire sentir, j'eus encore recours à Abd-el-Kader, et des ordres sévères furent donnés par lui aux tribus pour que la paille qu'elles avaient en réserve nous fût préalablement fournie. A cet effet, M. le lieutenant-colonel Conrad, alors commandant par intérim à Mostaganem, autorisa l'agent comptable de l'administration à se rendre dans les grandes tribus du Schéliff pour passer des marchés avec leurs chefs. Cet employé, accompagné d'un interprète, fut parfaitement accueilli dans tous les douars qu'il traversa, se porta jusqu'à quatre jours de marche de Mostaganem, et y revint après avoir fait des marchés avantageux qui s'accomplissent en ce moment.

Les mêmes mesures ont été prises ici par le sous-intendant militaire.

. . . . Je citerai encore quelques faits qui serviront à corroborer l'opinion que j'ai énoncée sur la bonne foi des Arabes, que beaucoup de nos concitoyens croient perfides et cruels.

Des émissaires de l'émir ayant découvert les Arabes qui avaient désarmé deux soldats du 66e sur la route de Mostaganem à Arzew, les spoliateurs furent sévèrement punis, et les armes volées nous furent rendues.

Un Génois laissé par ses camarades sur la côte du cap Canastel, où ils étaient allé ramasser des plantes médicinales, fut accueilli par des Arabes de la tribu des Chirstels, qui, après l'avoir comblé des soins les plus hospitaliers, le ramenèrent à Arzew, où je me trouvais en ce moment. L'un des deux Arabes qui conduisirent cet européen, qui avait perdu ses souliers, lui donna ses sandales, lui faisant comprendre que ses pieds, plus endurcis que les siens, pouvaient plus facilement se passer de chaussure.

Une mule du train des équipages échappée à ses conducteurs dans la plaine d'Oran, et rencontrée à quinze lieues de la ville, nous a été rendue il y a peu de jours avec la même exactitude.

Je pourrais citer encore une foule d'incidents semblables que la voix publique signale et qui ont eu lieu depuis quelque temps.

Les négociants européens parcourent l'intérieur du pays pour aller traiter avec les chefs de tribus avec autant de sécurité qu'en France, et avec un seul Arabe pour guide.

Dans les changements de garnison qui ont lieu entre Oran et Mostaganem, les détachements, quelque faibles qu'ils soient, trouvent des gîtes fixes et paisibles, où les Arabes viennent leur offrir des vivres et des mulets pour le transport de leurs bagages et des militaires malades ou fatigués par la marche ou la chaleur du climat.

. . . .

. . . . . . Le rapprochement continuel qui a lieu entre nous et les Arabes est une garantie certaine de la durée de la paix qui, selon moi, ne pourrait être rompue que par déni de bonne foi.

. . . .

. . . . . . Tout porte à croire que les liens de l'union qui existent entre les Français et les indigènes se resserreront de plus en plus, et à mesure qu'ils se comprendront et s'apprécieront.

. . . .

. . . . . . En conduisant aussi rapidement que possible ce peuple dans la voie de la civilisation, nous consoliderons en même temps notre domination, et nous élargirons les bases de la paix établie dans cette province.

2.

RAPPORT

ADRESSÉ LE 26 JANVIER 1835 A M. LE GOUVERNEUR GÉNÉRAL.

L'état moral de la province continue de se soutenir avec avantage, et n'offre aucune particularité, aucun incident remarquables. L'union des Français et des indigènes se resserre chaque jour par l'affluence de ces derniers dans nos marchés et dans nos villes; le commerce, protégé par nos lois, prend de l'accroissement; je ne néglige rien pour l'encourager et lui imprimer une impulsion vive et profitable aux intérêts de la France; la justice dirige donc tous les actes de notre autorité et la fait apprécier aux Arabes. Les éléments de prospérité commerciale, qui se trouvent dans cette province, me portent à saisir tous les moyens d'en aider le développement ; et je dirige tous mes efforts vers ce but essentiel de l'occupation, dont le succès est aussi important que celui qui a été obtenu par nos armes.

Il est à regretter que, pour atteindre les résultats avantageux vers lesquels je tends, les difficultés naturelles qui s'y rattachent ne soient pas les seules à surmonter, et que j'aie en outre à combattre les insinuations perfides et malveillantes par lesquelles l'intrigue cherche à arrêter l'activité du commerce, ou à diminner mon autorité. Ainsi, tantôt pour empêcher les Israélites de se livrer au commerce des grains dans l'intérieur, on fait circuler le bruit qu'Abd-el-Kader y met entrave, et que les acheteurs courent risque d'être arrêtés par ses ordres. Et cependant aucune violation du traité, qui porte que le commerce sera libre entre les deux nations, n'a eu lieu de sa part ; il participe au contraire avec moi au maintien et à l'exécution de cette clause, en entretenant la sécurité qui règne dans la province par tous les moyens qui sont en son pouvoir.

Une famille juive, qui se rendait d'Oran à

Mascara, pour y exercer la profession de tailleur, ayant été volée et maltraitée par des malfaiteurs, les recherches qui furent faites immédiatement amenèrent la découverte des coupables qui furent punis, et les effets volés restitués.

Tantôt, malgré les témoignages patents de notre bonne intelligence avec les Arabes, on se plaît à parler de rupture et à semer des bruits de guerre, qui ne peuvent, il est vrai, porter la moindre atteinte à notre état de paix, et tombent d'eux-mêmes; mais qui jettent toujours un peu d'incertitude parmi les étrangers qui viennent dans ces pays pour y former des établissements.

Je n'appellerais pas votre attention sur ces bruits (1) en leur accordant plus d'importance qu'ils ne méritent; et je me dispenserais de vous en parler, M. le gouverneur, si je n'avais la certitude que ceux, qui, par leur position, sont plus à même de connaître la vérité, ne donnent lieu par inconséquence ou perfidie aux sottises qui se débitent. Quelle excuse un employé des douanes peut-il opposer à l'invention qui a été adressée par lui à Alger, concernant

---

(1) Qui ne se répandirent qu'après l'arrivée à Oran de quelques individus venant d'Alger.

le monopole d'Arzew concédé, soi-disant, à l'émir, et la présence d'un agent de ce chef chargé de prélever des droits sur cette place? Quelle excuse le sieur Duran, oukil d'Abd-el-Kader à Alger, peut-il trouver pour expliquer le prétendu traité secret de paix, en effet, bien secret, puisqu'aucune de ses clauses n'a jamais été revendiquée par les contractants?

Je suis heureux de voir que la conduite loyale que j'ai suivie dans mes rapports avec l'émir a consolidé assez fortement la paix dans cette province pour que tout ce qui est en dehors de la droiture et de la bonne foi soit repoussé par lui, et n'exerce aucune influence sur notre union. Cela m'engage à persévérer dans cette voie qui m'est tracée par les intérêts de la France et le désir que j'ai de mériter votre approbation. Quels que soient les efforts que feront les malveillants ou les indiscrets pour détruire les avantages de la paix et entraver la marche de nos succès, je saurai les déjouer, et d'avance je les défie d'employer contre moi d'autre arme que celle de la calomnie.

J'ai reçu le 24 du courant une lettre de l'émir, par laquelle il m'informe qu'il vient de faire diriger sur Arzew une certaine quantité d'orge, restant à recevoir pour compléter un marché passé avec l'administration.

Cet empressement à remplir un engagement onéreux par suite de l'augmentation du prix des céréales, prouve combien il tient à faire honneur à ceux qu'il a pris avec nous.

La grande sécheresse qui avait régné ici donnait des inquiétudes pour les récoltes; un orage violent, accompagné de pluies abondantes, les a fait cesser entièrement, et les a changées en espérances. L'administration militaire, qui a déjà réalisé de grands bénéfices au profit du trésor, a repris ses achats en céréales et en bestiaux.

Je dois avoir dans peu une entrevue avec Abd-el-Kader; j'aurai l'honneur de vous rendre compte de tout ce qui y sera dit, et je me conformerai dans cette occasion, comme dans toutes celles qui se présenteront, aux instructions que j'ai reçues de vous, et à celles qu'il vous plaira d'y ajouter.

3.

DESCRIPTION

DE LA VILLE ET DE LA PROVINCE D'ORAN.

Les rapports que je recevais chaque jour des officiers d'état-major en mission dans l'intérieur de la province d'Oran, nous donnaient des nouvelles notions, plus étendues, plus exactes que celles que nous avions pu nous procurer pendant la guerre, tant sur la population de cette contrée, la nature et la fertilité de son sol, que sur les avantages que nous pourrions en retirer.

La province d'Oran, telle qu'elle a été réduite et limitée par le gouvernement français, est encore la plus vaste et la plus populeuse de la régence; elle confine à l'ouest avec l'empire de Maroc, au sud avec le désert de Sahara, et elle s'étend à l'est depuis l'embouchure du Schéliff jusqu'au Faddah, un de ses affluents.

On y compte plusieurs villes ; les quatre principales sont Tlémecen, Oran, Mascara et Mostaganem. (Sa population, d'après les données statistiques les plus rigoureuses, dépasse 1,700,000 habitants, dont plus de 100,000 cavaliers.)

J'ai déjà donné quelques notions précises sur les villes de Tlémecen, Mascara, Arzew, Mostaganem et Mazagram, je dois consacrer quelques détails à celle d'Oran. Elle est située sur le revers de deux montagnes que sépare un ravin vert et ombragé, arrosé par des sources abondantes, formant un cours d'eau dont la pente jusqu'à la mer offrirait autant de chutes qu'on pourrait le désirer, pour l'établissement d'un grand nombre d'usines et de moulins.

Cette ville fortifiée à très-grands frais par les Espagnols, qui s'en emparèrent en 1509, sous la conduite de don Pèdre de Navarre et en présence du cardinal Ximenès, est entourée de fossés et couverte par de beaux remparts.

A l'est, le front d'attaque est défendu par la citadelle ou Château-Neuf, par les forts Saint-André et Saint-Philippe ; les lunettes qui protègent ces ouvrages ont été rasées par les Arabes, excepté celle du fort Saint-André qui est susceptible par son bon état d'une longue défense.

Au sud, le ravin est gardé par cinq grosses tours crénelées et par le fort Saint-Philippe.

A l'ouest, sa force est dans la montagne de Santa-Cruz, couronnée par un fort du même nom, la vieille Casbah; la lunette Saint-Louis et le fort Saint-Grégoire, bâtis sur les flancs de cette montagne, concourent par leur élévation à la défense de la ville.

Au nord, le fort de Sainte-Thérèse, celui de la Mouna et quelques batteries basses, appuyés par les feux du Château-Neuf, du fort Saint-Grégoire et de Santa-Cruz, protègent la ville du côté de la mer.

Tous les forts de cette place, excepté le Château Neuf, Sainte-Thérèse, la Mouna et Saint-Grégoire, ont besoin de grandes réparations.

L'enceinte est fermée par les trois portes, du marché à l'est, du ravin au sud, et de Mers-el-Kébir à l'ouest.

La ville est divisée en trois quartiers, la marine, la ville maure et la ville neuve.

Les bâtiments marchands ne peuvent mouiller devant Oran que pendant un calme plat, ou seulement lorsque règnent les vents du sud, et encore les capitaines prudents ne s'y exposent pas.

Une assez grande darse destinée à mettre à l'abri de petites embarcations, a été comblée par un éboulement considérable qui a eu lieu dans le mois de novembre dernier.

Les magasins de Sainte-Marie, situés sur le quai, ont été construits avec une grande magnificence par les Espagnols, et peuvent contenir des approvisionnements immenses.

Les rues de cette ville, depuis la paix, sont larges et ornées d'assez jolies maisons construites à l'européenne.

(Je donnerai à la suite de cette description la notice des travaux qui ont été exécutés pendant mon commandement, tant dans l'intérieur de la ville que hors de son enceinte.)

Le nombre des habitants d'Oran avant l'arrivée des Français était d'environ vingt-cinq mille; l'émigration des Maures et des Arabes qui eut lieu immédiatement après la réduisit à trois mille cinq cents Juifs, deux cents Maures et autant de Nègres; total, trois mille neuf cents âmes.

La population européenne pendant la guerre n'était que de sept à huit cents, aujourd'hui elle s'élève à plus de trois mille individus.

Depuis la paix, j'ai fait entourer la place d'une ceinture de blockaus et de postes qui nous rendent maîtres de la plaine, et qui en cas de rupture éloigneraient les Arabes et protégeraient les arrivages de l'intérieur.

Ces ouvrages font le plus grand honneur à MM. les officiers du génie qui ont dirigé les travaux sous les ordres de M. le commandant Savart.

La vaste plaine d'Oran n'est point cultivée, mais il ne faut pas l'attribuer à la stérilité du sol, très-propre à la culture des céréales et autres plantes qui n'ont pas besoin d'une irrigation artificielle, mais seulement au manque de capitalistes pour faire les frais de première exploitation.

Un défrichement facile suffirait pour convertir, dès la première année, en riches moissons, les buissons de palmiers nains qui couvrent presque toute la surface du sol.

La rade de Mers-el-Kébir est défendue par un fort dont le mauvais état exigerait de grandes et promptes réparations.

Cette rade est considérée comme le port d'Oran, bien qu'elle en soit éloignée de deux lieues; elle offre un mouillage sûr aux plus gros bâtiments de l'état.

Une magnifique route de communication, percée à travers les flancs de la montagne de Santa-Cruz, joindra, à la fin de cette année, Mers-el-Kebir à Oran, et offrira au commerce toutes les facilités possibles pour le transport des marchandises, lorsque l'état de la mer ne permettra pas d'employer la voix plus économique des embarcations.

Cette route, dont l'exécution offrait tant de difficultés, fera honneur au génie militaire français; et si jamais les malheurs de la patrie ou une étroite politique devaient priver la France de ses provinces africaines, les barbares du désert viendraient admirer cette grande trace du passage d'une grande nation.

Un projet de port a été soumis au gouvernement par M. Pezerat, habile ingénieur civil; on peut prédire que lorsqu'il sera exécuté, Oran sera susceptible de devenir une des villes de commerce les plus importantes de la Méditerranée.

J'ai déjà parlé de la beauté et de la sûreté de la rade d'Arzew, et de l'importance de Mostaganem. J'ajouterai quelques détails sur l'intérieur de la province.

Dans tous les bassins, la terre végétale repose sur un calcaire compacte, supérieur à une couche d'argile.

Cette formation indique la présence d'un grand nombre de sources qui pourraient être élevées sur la superficie du sol, au moyen de puits artésiens, qui seraient pour les Arabes un nouveau sujet d'admiration. J'ai fait dans le temps la demande des sondes nécessaires pour ces travaux au ministre de la guerre, qui en reconnut l'utilité; mais elles n'ont pas encore été envoyées à cette destination.

Sur les bords des rivières, et notamment sur ceux du Schéliff, la fertilité est remarquable. La terre, à peine labourée à une profondeur de deux pouces et sans engrais, produit ordinairement en céréales de vingt-cinq à trente pour un. Cette fécondité est la même sur les bords des ruisseaux et dans les environs des sources jaillissantes. Dans les parties éloignées des cours et des bassins d'eaux, les récoltes rapportent le douzième ou même le quinzième.

Que ne doit-on pas espérer d'une terre si précieuse, lorsque les perfectionnements de notre agriculture y seront connus?

Indépendamment des céréales, les indigènes cultivent avec beaucoup d'avantages la vigne, le figuier, dont ils font sécher le fruit, le grenadier, le citronier et des plantes propres à la teinture; le tabac y pousse spontanément et est de très-bonne qualité. Quelques mûriers que l'on reconnaît çà et là témoignent par leur beauté du succès qu'obtiendrait la propagation de cet arbre précieux.

On récolte sur la petite rivière de Mina du riz d'une qualité supérieure qui est consommé par les habitants. Cette culture, plus développée et dirigée par les européens, donnerait les résultats les plus satisfaisants. Le coton pourrait aussi être introduit dans ce pays très-avantageusement. Des plantations en ont été faites avec succès dans les environs de Malaga et sur d'autres points de la Péninsule espagnole; elles réussiraient d'autant mieux dans un pays d'une plus haute température.

Les tribus situées en avant du versant méridional du grand Atlas fournissent au commerce des jujubes, des dattes, des plumes d'autruche et de la poudre d'or; elles ont apporté à Oran, depuis la paix, des grandes quantités de laine.

Dans toutes les parties de cette riche province on élève un très-grand nombre de bestiaux, tels que bœufs et moutons, ânes et chameaux; la race du cheval y est fort belle, particulièrement sur les bords du Schéliff.

Ceux qu'on y élève peuvent être considérés comme le vrai type du cheval de guerre. Habitué à se passer d'abri et de soins, endurci comme son maître, le cheval africain supporte comme lui des fatigues et des privations inouies.

Le grand nombre de chevaux que la province fournit m'avait donné l'idée de proposer au ministre l'établissement à Oran d'un dépôt de remonte pour notre cavalerie légère. La direction de ce dépôt, confiée à M. Guerbe, officier supérieur de cavalerie, doué d'une grande activité et connaissant parfaitement les chevaux, aurait eu, je n'en doute pas, les résultats les plus avantageux.

Bien que le ministre ait ajourné l'examen de ce projet, il ne peut que l'accueillir favorablement lorsque le tour de cette affaire sera venu.

L'émir, que j'avais consulté pour connaître le nombre de chevaux qui pourraient être vendus par les Arabes, me répondit que l'on pourrait, pendant les premières années, en tirer deux mille, mais que ce chiffre s'élèverait progressivement à mesure que la vente serait assurée.

Pour mieux en faire apprécier la race, j'avais proposé à M. le maréchal ministre de la guerre, d'envoyer en France les chevaux du 2e de chasseurs (1), pour monter un de nos régiments de cavalerie légère, dont les chevaux auraient été

(1) Bien entendu que ce régiment serait autorisé à se remonter immédiatement dans le pays.

versés dans les corps de la même arme. Si cette mesure eût obtenu l'approbation du gouvernement, elle aurait diminué d'autant les dépenses du budget de la guerre, par la modicité du prix des chevaux, dont la moyenne est de 215 fr. (plus le transport par mer); elle contribuerait en outre à placer à la tête des meilleures cavaleries de l'Europe notre cavalerie légère, à laquelle il n'a jamais manqué que d'être mieux montée. La taille des chevaux du Schéliff est même assez élevée pour l'arme des dragons.

J'espère que plus tard on reviendra à cette proposition, et que l'on sentira les avantages qu'il y aurait à importer en France une race supérieure à toutes celles de l'Allemagne et aux nôtres.

La province d'Oran est, en outre, riche en mines, qui assureront de grands bénéfices à ceux qui les feront exploiter.

Dans l'enceinte même de la ville d'Oran, et à l'extrémité sud du ravin, on exploite des carrières à ciel ouvert, dont la pierre ne revient qu'à 12 fr. le mètre cube; aussi y élève-t-on un grand nombre de belles maisons.

Près du cap Falcon, et même près de la ville d'Oran, il y a des mines de fer assez riches pour être réduites avec avantage. Sous le fort St.-Grégoire, on va exploiter un rocher de plombagine.

On rencontre, dans les montagnes de la province, des mines de cuivre, et on assure qu'à trois ou quatre lieues de Mascara, il existe une mine d'or qui était exploitée, disent les indigènes, par le bey Boukabbous, et fermée par les ordres du dey, jaloux de l'accroissement rapide de la fortune de son lieutenant. J'avais l'intention de faire vérifier cette tradition, en envoyant sur les lieux des minéralogistes, mais le temps m'a manqué.

On a trouvé à une lieue de Mostaganem, et à l'île de Reichgoun, des rognons de poussolane qui peuvent être transportés de Mostaganem à la côte, et de Reichgoun il suffit d'y envoyer des embarcations.

Cette découverte rendra de grands services, et on ne sera plus obligé de tirer cette matière, à grands frais, d'Italie pour la transporter à Oran et à Alger, et diminuera ainsi les dépenses indispensables qui étaient faites pour la construction des citernes, si utiles dans un pays où l'eau est généralement assez rare. Si des recherches faites par des hommes versés dans l'étude de la géologie, étaient assez heureuses pour parvenir à la découverte d'une mine de combustibles, ce serait une véritable source de prospérité pour la province.

Les indigènes échangent entre eux les produits de leurs récoltes sur des marchés qui se trouvent dans l'intérieur des terres. Indépendamment des céréales et des bestiaux, ils y apportent encore une grande quantité de laine, des fruits secs, des légumes de toute espèce, de l'huile, de la cire et du miel. On y trouve aussi des tapis assez beaux, des burmouss, des armes, de la poudre, du savon, des bougies, des pelleteries et des cuirs.

Depuis la paix, le commerce qui se faisait dans l'intérieur du pays, s'est introduit dans nos villes où les Arabes viennent vendre leurs produits pour acheter du fer, des draps, de la bijouterie, de la quincaillerie et des tissus de coton. Le contact qui s'est établi entre eux et nous a déjà produit son effet; non-seulement ils ont modifié quelques-uns de leurs usages lorsqu'ils ont compris les nôtres, mais encore depuis qu'ils ont vu les avantages de nos ustensiles de ménage, il n'est pas rare de les voir dépenser 5 à 600 fr. à la fois dans nos boutiques de nouveautés et de quincailleries.

Il est à regretter que nos fabricants aient, jusqu'à ce jour, laissé aux Anglais la fourniture de ces divers articles, notamment celle des tissus de coton et des draps. Il est probable que cet état de choses vient de ce que les Anglais fabriquent à meilleur marché, et que les tarifs des douanes en vigueur ne sont pas encore assez favorables à notre commerce. Je ne doute pas que le gouvernement, qui aujourd'hui, par une déclaration plus solennelle, a annoncé aux chambres et à l'Europe la conservation de la colonie, ne prenne les mesures les plus efficaces pour favoriser les négociants français et engager nos capitalistes à aller profiter des avantages que leur offrira la fertilité de l'Afrique. La France alors trouvera dans cette impulsion salutaire le prix de tous ses sacrifices et du sang qui a coulé pour cette noble cause.

Jusqu'à ce jour, les événements politiques de haute importance qui se sont succédé chez nous, ont détourné jusqu'à un certain point l'attention publique d'un événement qui doit changer la face de la vieille Afrique romaine, et n'ont pas permis au gouvernement de déployer tous les moyens nécessaires pour féconder une conquête qui n'a été encore que glorieuse pour la France, parce que les généraux qui ont commandé ont rempli dignement leur devoir; mais leur séjour n'y a été que passager; ce qu'ils ont entrepris est resté inachevé, et l'œuvre est, pour ainsi dire, à recommencer pour leurs successeurs. Les Arabes, essentiellement observateurs, n'ont jamais vu chez leurs conquérants assez de persévérance et de fixité dans leur conduite. D'un autre côté, la faiblesse des moyens mis entre les mains des généraux les a presque toujours contraints de rester enfermés dans les murailles des villes du littoral, et de soutenir, lorsqu'ils en sortaient, les efforts d'un ennemi infatigable, qui n'étant jamais assez battu, était toujours prêt à revenir au combat. Cet état des choses ne pouvait que diminuer notre influence morale sur les indigènes, qu'il aurait fallu harceler et battre sans relâche; aussi la guerre s'y maintient encore dans la moitié de nos possessions, et il doit paraître étrange à nos voisins, que la France, qui peut à son gré porter en Europe la paix ou la guerre, ne puisse faire subir aux Arabes les effets de sa puissante volonté.

Mais les projets du gouvernement, dont quelques-uns ont transpiré dans le public, font espérer qu'une marche, plus ferme et plus convenable à nos intérêts, va être enfin suivie, et que bientôt les deux provinces encore insoumises jouiront, comme celle d'Oran, des bienfaits de la paix. Sans elle, il ne peut exister de garantie ni pour la colonisation, ni pour le commerce; elle est (comme je l'ai déjà dit) la première condition de prospérité et l'unique lien qui puisse établir d'une manière durable l'union de deux peuples opposés de mœurs, de caractère et de religion.

J'ai proposé un moyen d'atteindre ce but désirable sans dépense d'argent et sans effusion de sang français; je me plais à croire que le gouvernement adoptera le plan de pacification générale que j'ai cru devoir lui proposer, parce que ce plan est, selon moi, le seul avantageux et le seul praticable.

Alors la France, après avoir cicatrisé les plaies d'une guerre qui nous a valu plus de gloire que de profit, et après avoir singulièrement augmenté son influence dans la Méditerranée, en y attirant le commerce du monde sous la protection de son pavillon, pourra accomplir, dans la succession des temps, une œuvre digne d'elle, celle de la civilisation d'un peuple brave et intelligent que la conquête lui a soumis.

Je terminerai là des réflexions qui ont été la conséquence du plan de pacification que j'ai développé dans un des chapitres de cette relation.

CONCLUSION.

Les dernières feuilles de cette relation étaient sous presse, lorsque la nouvelle de la défaite de nos troupes sur les bords de la Machta parvint à Paris.

Je partage trop vivement l'affliction générale pour ne pas payer mon tribut de regrets bien sentis aux mânes des braves qui ont péri dans cette fatale journée, notamment à celles du colonel Oudinot, qui, animé d'une vaillance héréditaire, fut frappé d'une balle mortelle au moment où, à la tête d'un escadron de lanciers, il débusquait l'ennemi d'une position déjà malheureusement célèbre par la destruction totale de six mille Espagnols, dans les premiers temps de leur occupation.

Il est bien loin de ma pensée d'attribuer ces revers aux dispositions prises par le général commandant cette expédition. Ainsi que les troupes sous ses ordres, il aura fait certainement tout ce que l'honneur de nos armes exigeait; mais la guerre a des chances que toute l'intelligence humaine, que les talents les plus distingués ne sauraient prévoir; et, sans nul doute, le déplorable événement du 28 juin doit être attribué à un épuisement moral et physique qu'expliquent trop bien les fatigues d'une longue et pénible marche sous un soleil brûlant, la rareté des eaux sur cette terre desséchée, et peut-être même aussi l'avidité des troupes à étancher une soif dévorante dans les eaux salines de la Machta.

J'étais encore sous la première impression que me causa la perte de tant de compagnons d'armes dont j'avais pu si souvent apprécier la bravoure, lorsque des journaux, que je veux seulement croire mal informés, ont cherché à m'attribuer en quelque sorte la cause de ce désastre.

Les uns ont prétendu que j'avais rendu Abd-el-Kader redoutable par des *concessions imprudentes*, par des livraisons d'armes et de munitions de guerre, et par des secours que je lui aurais accordés pour battre ses ennemis personnels.

D'autres, sans me connaître et ignorant jusqu'à quel point je suis animé de l'orgueil national, et comment je comprends la dignité de la France, ont prétendu que j'avais fait avec l'émir une paix incomplète, puisque notre suzeraineté n'était pas explicitement reconnue dans le traité, et que, dans aucune de ses clauses, je n'avais stipulé le paiement d'un tribut quelconque

Enfin, la malveillance a été jusqu'à dire que, par une convention secrète, j'avais concédé à Abd-el-Kader le port d'Arzew, une de nos plus précieuses conquêtes; et que, pour rendre ce chef plus puissant et même redoutable, j'aurais envoyé à Mascara des officiers pour organiser et instruire son infanterie.

Après avoir lu ces attaques, trois partis me restaient à prendre :

1° Renvoyer uniquement à mon livre, dans lequel je déclare avoir consigné scrupuleusement tous les actes de mon administration à Oran;

2° Mettant ma responsabilité à couvert sous l'autorité hiérarchique de mes supérieurs, il aurait pu me suffire de dire que le traité ayant reçu l'approbation du ministère et la sanction royale, j'étais à l'abri de toute censure;

3° Vieux soldat d'Égypte, fort de ma conscience, laissant à ceux qui me connaissent le soin de juger mes actes, je pouvais encore me renfermer dans un silence absolu; mais l'attaque a été grave, j'ai dû la réfuter, bien que je n'aie à répondre qu'à des calomnies.

Je me servirai à cet effet des arguments déjà renfermés dans une lettre insérée au *Journal de Paris*, et dans une réponse au *Courrier Français*.

A l'égard des prétendues concessions imprudentes qui auraient été faites, en fournissant des armes et des munitions à Abd-el-Kader, j'en appellerai à tous les bons esprits; n'était-ce pas une sage décision de l'illustre maréchal, alors président du conseil, que d'obliger l'émir à n'acheter que dans nos fabriques les armes et les munitions dont il aurait besoin, plutôt que de lui permettre de les tirer de Tanger et de Gibraltar, qui jusqu'alors en avaient eu le monopole? Tous ceux qui connaissent l'Afrique savent très-bien que ni les armes, ni les munitions n'ont jamais manqué aux Arabes pendant la guerre; ce qui leur manque, c'est notre tactique, c'est notre organisation, sans lesquelles ils ne sauraient être redoutables.

On a vu plus haut, et notamment page 163, que j'étais loin de soutenir toutes les prétentions d'Abd-el-Kader vis-à-vis des indigènes; mais j'ai dû, et les conséquences logiques du traité de paix m'en prescrivaient le devoir, j'ai dû appuyer par une démonstration quelconque toute tentative qui, de sa part, avait pour but réel d'assurer la soumission des tribus devenues ennemies par haine du nom chrétien. En cela je n'étais point l'auxiliaire des caprices du chef arabe; mais je lui prouvais ouvertement que l'appui de nos armes ne lui manquerait pas, quand il s'agirait de combattre l'ennemi commun et de faire respecter la puissance française.

Avec des troupes habituées à vaincre comme celles à la tête desquelles je m'étais emparé d'Arzew et de Mostaganem, en passant au milieu des tribus les plus peuplées et les plus belliqueuses de la province, je pouvais en toute confiance continuer la guerre; mais je voulais atteindre un but non moins noble, mais plus utile à l'humanité et plus digne aussi de la mission qui m'était confiée, celui de la pacification du pays. Abd-el-Kader, de son côté, vaincu dans toutes les rencontres, appréciait l'inutilité de ses efforts contre nous; il désirait la paix, mais sa religion lui défendait de l'offrir (1). Comprenant

(1) Voyez la lettre d'Abd-el-Kader, page 101.

alors les perplexités d'un homme de ce caractère, je crus ne rien perdre en dignité en lui proposant de cimenter la paix par un traité; l'empressement qu'il mit à l'accepter m'a convaincu que je l'avais bien compris.

Dans la réunion des premiers fonctionnaires d'Oran qui eut lieu chez moi, on fut unanimement d'accord que, la souveraineté de la France étant reconnue de fait et de droit, par suite de notre prise de possession de toute la régence, il était prudent d'éviter dans le traité de blesser les susceptibilités religieuses des Arabes. Quant à l'exigence d'un tribut, ne sait-on pas que les vrais croyants éprouvent une répugnance invincible à l'acquittement de tout impôt entre les mains des chrétiens? (1) D'ailleurs fallait-il, imitant la domination exécrée des Turcs que nous avions chassés de la régence, marquer nos premières relations avec les indigènes par des exactions semblables à celles de leurs anciens maîtres? Non, telle ne devait, ne pouvait pas être la politique à suivre en cette circonstance. D'ailleurs, je le demande, comment asseoir un tribut,

(1) A Alger, un musulman ayant été dans l'obligation d'acquitter une redevance au fisc, ne se crut réellement libéré de sa dette qu'après l'avoir acquittée de nouveau entre les mains d'un marabout.

un impôt, sans connaître exactement les ressources du pays qui doit les supporter ? En soumettant, comme je le fis, à un droit déterminé toutes les productions et marchandises qui seraient portées dans nos places, les résultats financiers étaient les mêmes pour le trésor, moins l'odieux de l'ancien système.

Sous les Turcs, il est vrai, le paiement d'un tribu par les Arabes était le signe caractéristique de la reconnaissance du pouvoir de ceux qui l'imposent; mais aussi, ce sont ces vexations et d'autres de même nature qui ont rendu odieuse la puissance tyrannique des derniers dominateurs de la régence.

Cette omission volontaire dans le traité de paix a été basée sur des considérations politiques du premier ordre ; et Abd-el-Kader ne l'a pas considérée comme portant atteinte à notre puissance, qu'il comprenait parfaitement, puisqu'elle était le résultat des droits que nous tenions de la victoire. Depuis lors, jusqu'à la rupture de la paix, c'est-à-dire pendant quinze mois, les conconditions du traité furent d'ailleurs religieusement observées; la prospérité a régné dans la province d'Oran; le commerce s'y est développé d'une manière remarquable, et les européens pouvaient parcourir le pays avec autant de sécurité que s'ils eussent été en France. Enfin, ainsi qu'on a pu le voir, l'émir n'a cessé de donner les garanties les plus formelles de sa bonne foi.

A l'appui de ses assertions erronnées, un journal a cru devoir publier des pièces desquelles il résulterait que le privilége du commerce intérieur de la province d'Oran aurait été pour ainsi dire concédé à Abd-el-Kader seul. Sur l'une de ces pièces, se trouverait apposé, dit-on, le cachet du prince des croyants, et l'autre serait revêtue du sceau du général commandant à Oran.

Quelle que soit ma répugnance à m'occuper de choses aussi personnelles, je dois dire un dernier mot sur les inculpations dont j'ai été l'objet.

Je demande s'il est possible d'admettre que j'aie pu accueillir une proposition qui aurait autant blessé l'amour-propre national, et que je me fusse soumis à recevoir des conditions de celui qui, bien loin de pouvoir m'en imposer, était réduit à accepter toutes celles que je lui dictais. Le prétendu monopole de grains que j'aurais concédé à l'émir, en lui abandonnant le port d'Arzew, est une invention grossière dont l'absurdité sera facilement démontrée par ce seul fait que cette place, gardée par nos troupes, est uniquement habitée par des négociants européens, et que les grains qu'Abd-el-Kader y fait apporter sont soumis, comme ceux des autres Arabes, aux taxes des douanes françaises.

Il est également faux que j'aie envoyé des officiers pour instruire les troupes d'Abd-el-Kader; beaucoup ont reçu de moi l'autorisation de visiter Mascara, et à leur retour ils ne m'ont parlé qu'avec dérision de ce bataillon que l'on veut aujourd'hui présenter comme une phalange invincible. En effet, comment les troupes qui le composent auraient-elles pu devenir aussi formidables par la tactique, quand il est notoire que le seul instructeur qu'elles aient eu est un soldat badois, déserteur depuis deux ou trois ans de la légion étrangère, et employé auparavant comme infirmier dans un hôpital d'Alger. Cet individu, long-temps avant la paix, était à Mascara, où il s'est fait musulman.

Il n'entre ni dans mes goûts, ni dans mes habitudes, d'établir une polémique d'aucun genre; je déclare donc renoncer à répondre à toutes les attaques qui pourront désormais être encore dirigées sur mon caractère et sur les fonctions dont j'ai été revêtu à Oran; je puis avec quelque orgueil jeter un regard sur mes antécédents, qui avec l'estime des gens de bien me consoleront aisément de l'injustice de quelques hommes;

d'ailleurs, n'ayant jamais eu d'autre but que de servir dignement mon pays, et fier de l'assentiment de ceux qui peuvent seuls juger ma conduite, je ne puis rien désirer de plus honorable que les souvenirs que je crois avoir laissés en Afrique.

Je me résume.

La première partie de ce mémoire est en quelque sorte le narré officiel de mes opérations militaires. Il était nécessaire de les faire connaître aux lecteurs, afin de les mettre à même d'apprécier les actes politiques ou administratifs qui les ont suivies et qui étaient leurs corollaires.

Dans la deuxième partie, j'ai fait connaître, notamment au chapitre V, quels étaient les projets que je proposais pour arriver à une pacification générale de la régence. Il est donc inutile d'aborder de nouveau cette question, que j'abandonne à l'impartialité de mes lecteurs; mais la paix que j'avais conclue avec Abd-el-Kader vient d'être rompue par le fait, et je dois examiner si une politique opposée à celle que j'ai suivie à Oran serait plus avantageuse à la France, et consoliderait mieux notre puissance en Afrique.

Les événements du 28 juin sont désastreux, sans nul doute, et peuvent avoir pour un moment donné de l'audace aux Arabes; mais on ne saurait y voir la perte de l'influence que nos soldats ont toujours exercée sur l'esprit des indigènes. L'armée n'en est pas réduite à avoir besoin de faire ses preuves, elle a bien assez de victoires et de succès à opposer à ce revers imprévu; et sans chercher une revanche, les souvenirs des défaites de l'émir sont encore trop récents pour qu'il soit nécessaire de prouver à ses troupes que le courage de nos soldats n'est point soumis à la certitude de l'avantage d'une journée.

Vouloir établir notre domination par la force des armes, c'est entreprendre une guerre d'extermination, dans laquelle nos trésors et nos soldats seront sacrifiés avec gloire, sans doute, mais sans profit. Il faudra donc toujours arriver à un système de paix; mieux vaudrait alors maintenant que plus tard.

Pour agir puissamment sur l'esprit des indigènes, il faut avoir pour intermédiaire un chef qui exerce assez d'empire sur ce peuple indépendant et fanatique, pour le maintenir dans les conditions d'une nouvelle alliance. Or, excepté Abd-el-Kader, je n'en connais aucun qui réunisse toutes les conditions qu'exige une telle entreprise; et, en supposant qu'on en trouvât d'autres qui fussent aussi influents, peut-on raisonnablement espérer d'en obtenir, au moins quant à présent, des conditions plus avantageuses que celles que j'avais dictées à l'émir? Je ne le pense pas.

Dira-t-on que si on ne peut trouver un chef puissant qui consente à toutes nos exigences, on sèmera la division dans les tribus? Mais sans m'arrêter au point de vue moral de la question, et en ne la considérant que sous le rapport politique, j'ai la conviction intime qu'on ne pourrait adopter un plus funeste système; l'inimitié des tribus entr'elles ferait place à l'union quand il s'agirait de nous combattre, si nous étions strictement neutres vis-à-vis de chacune d'elles. Dans le cas contraire, la protection plus ou moins grande que nous accorderions à certaines tribus entretiendrait une guerre intestine qui laisserait les terres incultes, et épuiserait bientôt les immenses ressources de ce sol fertile par la destruction des troupeaux. L'anarchie et tous les désordres qui la suivent régneraient dans le pays, et la police intérieure ne pouvant plus s'exercer par une main puissante, le vol, le brigandage, le meurtre se rencontreraient partout. Conséquemment, le commerce avec le littoral serait nul, et la colonisation deviendrait impossible; car la première condition pour l'accroissement de l'une et de l'autre, c'est la paix.

Je suis loin de prétendre que j'eusse retiré

tout d'abord du traité conclu avec Abd-el-Kader, les avantages que le pays promet; mais j'avais dû tenir compte et des circonstances et des époques, et n'ayant pas engagé l'avenir, on aurait pu lui demander ce que le présent ne permettait pas alors d'exiger.

Cette réserve m'était imposée, non par des considérations personnelles, mais par les observations que j'avais faites, et dans le but politique d'arriver avec le temps à nous passer d'intermédiaire, si cela nous paraissait préférable.

Que résulte-t-il maintenant de cette rupture soudaine du traité? rien autre chose que la destruction, l'anéantissement des éléments de prospérité qui se manifestaient de toutes parts, et l'impossibilité de prévoir l'époque où ils reparaîtront.

Le caïd Ibrahim, le même que je fus obligé de retirer de Mostaganem, vient, dit-on, d'être nommé bey des Douërs et des Smelhas : j'avoue ne rien comprendre à cette politique. Depuis long-temps ce chef vit à nos dépens, il ne refusera aucune des conditions qui lui seront imposées. Mais quels avantages retirera-t-on de cette nomination? Les deux tribus ne pourront jamais se défendre contre leurs voisins, les Beni Hamer, les Garabas, les Hachems, qui sont dix fois plus nombreux. A l'approche de ceux-ci, nos nouveaux alliés se réfugieront sous nos canons, et pendant ce temps, leurs troupeaux seront enlevés et leurs silos pillés, et alors ce seront de nouvelles charges que l'humanité nous imposera.

Peut-être cherchera-t-on à attirer dans cette coalition les Bordgias et d'autres tribus du Schéliff? Mais ce serait s'abuser étrangement si on espérait que ces peuplades voulussent obéir à un Turc, que nous avons nommé bey. Non, la haine que les indigènes portent à ces étrangers par le souvenir de toutes leurs cruautés, est trop invétérée pour que cette combinaison politique puisse avoir un bon résultat.

Toutefois, je ne dois pas laisser ignorer qu'avant la conquête, les Douërs et les Smelhas étaient les seuls Arabes armés de la province d'Oran, et que les Turcs s'en servaient pour les aider dans la perception des impôts et dans leurs sanguinaires expéditions, ce qui n'a pas peu contribué à les rendre aussi belliqueux qu'ils le sont aujourd'hui. Je les ai constamment remarqués à la tête de nos ennemis, et si l'intérêt leur faisait souvent déposer les armes pour venir nous vendre quelques denrées, il est vrai d'ajouter qu'ils les reprenaient aussitôt sortis de nos murs, pour en frapper lâchement les imprudents qui se trouvaient hors de portée de fusil de la ville.

Voilà les nouveaux amis, les auxiliaires qu'on nous a donnés.

Je comprends ainsi leur obéissance à Ibrahim, mais l'autorité de celui-ci ne saura jamais s'étendre bien loin au-delà de ces tribus; et les Turcs et Colouglis de Tlémecen principalement refuseront, je crois, de s'allier à un chef qui ne jouit d'aucune espèce de popularité parmi eux. Je puis citer deux faits qui corroborent cette opinion.

Après la prise de Mostaganem, j'organisai les Turcs que j'avais emmenés de cette place et ceux qui étaient à Oran, en trois compagnies dont je voulus donner le commandement à Ibrahim; mais, spontanément, ils demandèrent à quitter le service, ne voulant pas reconnaître l'autorité de ce chef.

Dans les derniers temps encore, M. le comte d'Erlon, ayant eu l'intention de confier à Ibrahim le commandement de tous les Turcs qu'il voulait réunir à Alger, me prescrivit de faire prendre le nom de ceux d'Oran et de Mostaganem qui se présenteraient volontairement pour cette destination; mais aucune demande de leur part ne me parvint. Or, la conclusion naturelle de ces faits est qu'Ibrahim étant sans influence sur les Turcs et les Colouglis, n'en obtiendra pas sur les Arabes, et qu'il ne pourra jamais se maintenir parmi eux que par notre appui.

J'ai le sentiment intime d'avoir étudié le pays et les habitants autant que ma position m'a permis de le faire; je crois avoir jugé avec maturité les hommes et les choses, et il en est résulté pour moi la conviction que la paix doit être l'unique but de nos efforts en Afrique. Qu'elle soit conclue avec Abd-el-Kader ou avec tout autre, peu importe; mais elle est indispensable à la conservation et à la prospérité de la colonie.

Traiter avec un homme influent, le rendre responsable du bon ordre et de la tranquillité intérieure du pays, le protéger en toutes circonstances justes, voilà la politique à suivre, au moins, quant à présent.

Quelques personnes, dont l'opinion sur Alger est d'un grand prix, ont manifesté la crainte qu'un tel chef ne devînt redoutable, non-seulement vis-à-vis des indigènes, mais encore à notre propre égard. Cette appréhension ne me paraît nullement fondée, par la connaissance que j'ai acquise des mœurs arabes. Les indigènes, je l'ai déjà dit, ne s'éloignent jamais à de grandes distances de leurs douars. A l'époque où Abd-el-Kader passa le Schéliff (1) pour aller dans la province d'Alger, ce chef si redoutable et si vénéré en même temps, n'a pu entraîner avec lui que les huit cents fantassins qui sont à sa solde et un très-petit nombre de cavaliers; ce n'est qu'avec les Arabes des environs de Médéah qu'il est parvenu à chasser le chef qui, profitant de notre indifférence pour cette ville importante, était venu du désert pour s'en emparer.

Quant à nous, il nous suffit de garder les points principaux que nous occupons, d'y attirer les produits de l'intérieur et de favoriser de tous nos moyens le développement du commerce.

Avec cette marche constante, la colonie deviendra bientôt profitable à la France, et notre puissance se consolidera sur une plage qui naguère encore était l'effroi des nations civilisées et de toute la chrétienté.

La nomination de M. le maréchal Clausel doit

---

(1) On doit supposer que le gouverneur général a autorisé ce passage, car s'il en avait été autrement, au lieu de lui envoyer des présents à Médéah, il aurait fait partir d'Alger deux ou trois mille hommes pour le combattre, ou il aurait fait marcher la division d'Oran sur Mascara.

dissiper toutes les incertitudes sur la prospérité future de nos possessions africaines ; en outre, son nom, que les Arabes n'ont point oublié, est la plus puissante garantie que le gouvernement ait pu donner aux capitalistes français et étrangers qui iront exploiter la fertilité de la colonie.

NOTE

DES TRAVAUX EXÉCUTÉS PAR L'ADMINISTRATION MILITAIRE.

J'avais été autorisé, d'après ma demande, à prendre les mesures que je jugerais convenables pour la mise en état des moulins à eau existant à Oran et à Mostaganem.

Ceux de Mostaganem reçurent quelques réparations, mais ceux d'Oran n'ayant pas été jugés susceptibles d'être réparés, la construction d'un moulin neuf fut ordonnée.

Ce moulin, qui a deux tournants, renferme un magasin de la contenance de mille sacs de blé; il coûtera, d'après le devis qui en a été fait, environ 48,000 fr., et pourra convertir en farines quatre-vingt-huit hectolitres de grains par vingt-quatre heures, ce qui excède beaucoup les besoins du service, puisqu'une pareille quantité de farines suffirait pour une consommation journalière de seize mille rations.

Tout a été à créer pour cette construction; les ouvriers ont été pris dans les corps, les outils ont été confectionnés sur les lieux ou tirés de France, on a dû aussi faire fabriquer dans les fonderies d'Avignon les pièces de fonte et en cuivre, nécessaires pour le mécanisme du moulin.

En résumé, rien n'a été épargné pour la dimension et la disposition de la construction du moulin, et le service a été doté d'un bel et utile établissement.

On a en outre construit des magasins à Mers-el-Kebir et à Mostaganem.

Les constructions, à Mers-el-Kebir, consistent en deux baraques en planches qu'on a postérieurement recouvertes en ardoises; elles étaient devenues indispensables, surtout depuis l'occupation de Mostaganem et d'Arzew, pour augmenter les moyens d'emmagasinement, parce que c'est à Mers-el-Kebir qu'on débarque les denrées arrivant par eau pour le service des troupes de la division, et que c'est de là qu'on expédie ensuite tous les approvisionnements pour Mostaganem et Arzew.

Les constructions, à Mostaganem, ont été assises sur d'anciennes fondations; elles étaient également indispensables pour donner les moyens de recevoir les denrées au débarquement, attendu que la distance de la place à la mer est de quinze cents mètres, qu'il en coûtait des frais considérables pour faire arriver les denrées en ville, et qu'indépendamment de la distance le chemin est extrêmement difficile.

Enfin, toutes les mesures que j'ai prescrites relativement aux constructions dont il s'agit, ont reçu l'approbation ministérielle.

Les plans et devis ont été faits par M. Grillon, ingénieur expérimenté, qui en a dirigé les travaux avec beaucoup de zèle.

NOTE

DES TRAVAUX EXÉCUTÉS A ORAN PAR L'ARTILLERIE,

Sous la direction de M. le chef d'escadron Blanchard.

Avant 1832, le plan d'Oran n'avait qu'un matériel d'artillerie dégradé, et sauf la poudre et un certain nombre de projectiles presque tous hors de service, on peut dire que cette place manquait de tout approvisionnement de guerre.

Ce fut vers le milieu de cette année, que, par suite des ordres du ministre, on commença la construction d'un arsenal, et qu'une demi-compagnie d'ouvriers y fut envoyée pour réparer et modifier ceux des affûts qui pouvaient être utilisés, et en construire de nouveaux pour remplacer ceux reconnus absolument hors de service.

Dans le principe, et alors on se battait tous les jours, une pièce ne pouvait tirer plus de trois coups, sans être entièrement hors de batterie, et il fallait des efforts souvent infructueux et un temps toujours considérable pour rapprocher la pièce du parapet, afin de ne pas le dégrader. La manœuvre était presque impossible à cause du poids énorme des affûts, tout vermoulus et chargés de fer et de roues pleines (dites algériennes), la plupart non-circulaires et ornées de clous à grosses têtes, servant de cales et gênant les mouvements, soit en avant, soit en arrière.

Il fallait parer le plus promptement possible à cet inconvénient, et on fit marcher de front la construction de l'arsenal et la réparation du matériel. On demanda en même temps en France des fers, des bois et l'approvisionnement de guerre nécessaire à une place qui comptait, y compris les forts, plus de cent quarante pièces en batterie.

Cet arsenal est achevé maintenant. Cinquante ouvriers peuvent y travailler à l'aise; tout ce qui concerne le matériel d'artillerie, comme affûts, voitures, etc., peut y être construit. Il comprend :

Six forges.

Des ateliers de limeurs.

Une machine à aléser.

Une machine à tarauder.

Une machine à percer.

Un grand tour.

Un tour en l'air.

Un fourneau de fonderie où ont été coulés des boîtes de roues, des écrous de vis de pointage et des moules à balles.

Dans cet arsenal se trouvent les magasins aux bois et aux fers, un atelier de peinture, une bibliothèque et une salle au tracé et d'instruction pour les ouvriers.

Vingt-cinq affûts (plan-côte), nouveau modèle, y ont été confectionnés.

Vinq-cinq affûts marins y ont été modifiés.

Quatre affûts de côte (ancien modèle), construits.

Quarante environ de divers calibres et modèles, construits.

Le reste a été réparé, et il n'y a pas à présent dans la place de pièce qui n'ait son affût.

Toutes les plates-formes ont été faites; (il n'en existait pas une seule avant 1832.)

Après la prise de Mostaganem et l'occupation d'Arzew, on a approvisonné d'Oran ces deux points de tout le matériel et des munitions nécessaires.

Les trente et une pièces qui sont à Mostaganem sont toutes montées sur affût.

ÉTAT

DES OUVRAGES EXÉCUTÉS DANS LES PLACES D'ORAN, MOSTAGANEM ET ARZEW, PAR LE GÉNIE MILITAIRE SOUS LA DIRECTION DU COMMANDANT SAVART.

(Du 1er mai 1833 au 10 février 1835.)

ORAN.

Route de Mers-el-Kebir.

Cette route était à peine commencée; elle est faite maintenant dans toute la partie qui longe la plage.

La portion taillée dans le roc près de Mers-el-Kebir est très-avancée ; on l'a mise à largeur sur toute son étendue, il ne reste qu'à en régler la pente. La portion taillée dans le roc du côté d'Oran est terminée sur une longueur de deux mille mètres.

Transformation de la mosquée de Kerguentah en caserne défensive.

Cette caserne a été achevée dans le commencement d'avril 1834. Elle a donné du logement pour quatre cents hommes et des écuries pour deux cent quatorze chevaux.

Transformation de la ferme de Dar-el-Beida en caserne défensive.

Cette caserne, entreprise vers la fin de 1833, a été achevée dans le mois de juin 1834; elle donne du logement pour cent trente hommes.

Pavage en dalles du fort Saint-Grégoire.

Ce travail a été entrepris à la fin de 1834. On a ouvert une carrière près du fort, extrait la pierre et taillé des dalles. Le pavé ne sera achevé qu'à la fin de 1835.

Etablissement d'un chemin carrossable dans le Château Neuf.

Cette communication a été faite dans le mois de septembre 1834.

Construction à Kerguentah de nouveaux bâtiments pour trois cents hommes et deux cent quatre-vingts chevaux.

La construction de ces bâtiments a été entreprise le 1er février 1835.

Restauration des bâtiments de la vieille Casbah.

En 1833, on a achevé la restauration d'un bâtiment qui a donné du logement pour cinq cents hommes. On a ajouté à la caserne des pionniers un bâtiment pouvant contenir quatre-vingts lits.

Vieille Casbah.

Une baraque a été élevée pour augmenter le logement de la compagnie des fusiliers de discipline. On a entrepris la reconstruction d'un bâtiment destiné à servir de pavillon d'officiers ; ce travail est aujourd'hui sur le point d'être achevé.

En 1834, on a continué la restauration d'une caserne pour cinq cents hommes ; une partie en est terminée, et les troupes l'occupent ; l'autre sera achevée sous peu.

Construction d'une manutention.

Le rez-de-chaussée de cet établissement renferme trois fours, un magasin au pain et un réservoir d'eau en communication avec l'aqueduc de la ville. Le premier étage se compose d'un magasin pour les farines, en communication avec les moulins en construction et des logements nécessaires au personnel.

Cette manutention est en activité depuis le mois d'août 1834; on achève de déblayer une cour adjacente, devant servir de magasin au bois.

Construction d'une caserne pour une batterie montée.

La caserne d'artillerie a été entièrement achevée dans le mois de juillet 1834.

Installation d'un atelier de condamnés à Mers-el-Kebir.

Les travaux qu'a exigés l'installation de l'atelier des condamnés aux travaux publics ont été achevés dans le mois de juillet 1833.

Aplanissement du terrain entre les forts Saint-André et Saint-Philippe.

L'enlèvement des décombres produits par la démolition du faubourg a été achevé dans les premiers mois de 1833.

Réparation aux bâtiments des magasins de Sainte-Marie.

On a entrepris dans les derniers mois de 1834 de réparer ce bâtiment.

Postes avancés.

L'établissement des postes avancés a commencé dans le mois de mai 1833 par la pose du blockaus d'Orléans. Ensuite on en a placé deux sur les hauteurs qui dominent les hauteurs de Mers-el-Kebir, et cinq dans la plaine à l'est et au sud d'Oran. Ces postes sont fortifiés par des redoutes, excepté les deux de la gauche. On a construit deux routes conduisant de la place aux deux postes de droite dans la plaine, et entrepris celle du blockaus d'Orléans qui, étant prolongée, deviendra la route d'Arzew.

MOSTAGANEM.

Ville de Matamore.

L'enceinte a été remise en état de défense. Un réduit a été construit dans le haut de la ville, le fort de l'est a été réparé. On a établi une rue du rempart tout autour de l'enceinte.

Ville de Mostaganem.

On a mis en état de défense l'enceinte de Mostaganem. Une manutention et un hôpital y ont été établis. On a construit une grande redoute avec réduit et logement sur la hauteur qui domine la ville du côté de l'entrée.

Une tour en maçonnerie avec redoute a été construite du côté du sud. Les logements ont été réparés pour les officiers et la troupe.

Postes de la marine.

Une tour en maçonnerie a été construite pour assurer la communication du débarcadère à la place. Au-dessus de la plage, pour défendre le point de débarquement, on a fortifié un marabout et construit une tour en maçonnerie.

Fort d'Arzew.

Le fort a reçu de grandes réparations, pour être mis en état de défense. Les bâtiments ont été reconstruits, et des baraques élevées.

Magasins.

On a mis en état de défense les magasins. Un mur crénelé a été construit sur les terrasses.

Postes avancés.

Un blockaus a été placé dans la plaine, près de la plage et du ruisseau. Il est enveloppé d'une redoute avec magasin à poudre.

NOTE

DES TRAVAUX EXÉCUTÉS PAR LE SERVICE DES PONTS-ET-CHAUSSÉES,

Pendant les exercices de 1833 et 1834.

Routes et ponts.

1° Construction de la route de Mostaganem à la mer.

2° Entretiens et gros travaux de déblais et remblais des rues d'Oran.

3° Entretien de divers chemins de service.

Fontaines et aqueducs.

1° Entretien et grosses réparations des aqueducs d'Oran et de Mostaganem.

2° Construction d'un château d'eau à la naissance des aqueducs d'Oran.

3° Construction d'une grande fontaine sur la place de Nemours.

4° Construction d'une fontaine aiguade dans la grotte de refuge.

5° Pose de cinq cents mètres de tuyaux en fonte pour les fontaines d'Oran.

Travaux maritimes.

1° Construction par enrochements du quai des magasins.

2° Construction en maçonnerie de haut appareil de quatre-vingt-dix mètres du quai Sainte-Marie.

3° Déblai du premier éboulement des magasins des ponts et chaussées et de l'artillerie, en 1833.

4° Commencement du déblai du second éboulement.

5° Entretiens des quais d'enrochement d'Oran et de Mers-el-Kebir.

Bâtiments civils.

1° Construction d'un tribunal et façade de la mairie.

2° Installation d'une grande école d'enseignement mutuel.

3° Construction d'une caserne de gendarmerie.

4° Construction d'un casernement de douanes à Mers-el-Kebir.

5° Construction du dispensaire.

6° Construction d'une tour d'horloge.

7° Construction et établissements d'ateliers et magasins des ponts et chaussées.

8° Installation de la sous-intendance civile.

9° Installation de la maison des ponts et chaussées.

10° Installation des domaines.

11° Installation de diverses maisons pour logement de fonctionnaires et d'employés civils, tels que juge royal et officiers des douanes, douaniers, etc.

12° Construction d'un abattoir.

13° Construction et commencement de rectification de toutes les rues de la ville.

FIN DES PIÈCES A L'APPUI.

TABLE DES MATIÈRES.

PREMIÈRE PARTIE.

DEUXIÈME PARTIE.

ÉVÉNEMENTS POLITIQUES SURVENUS PENDANT LA PAIX.

PIÈCES A L'APPUI.

FIN DE LA TABLE.

www.ingramcontent.com/pod-product-compliance
Lightning Source LLC
Chambersburg PA
CBHW070805270326
41927CB00010B/2302

* 9 7 8 2 0 1 2 7 6 0 5 6 1 *